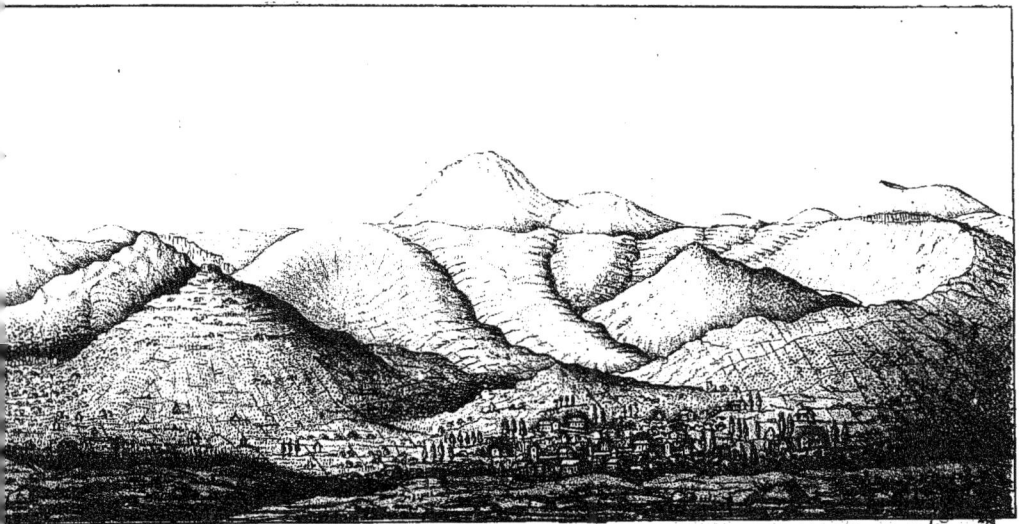

Lecoq.   Lith. de Thibaud-Landriot.

Le Puy-de-Dôme et le Puy de Pariou vus de Clermont

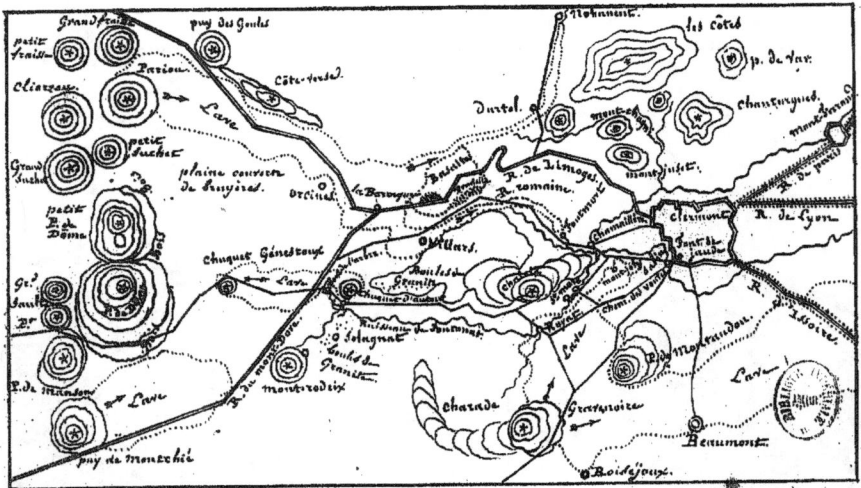

Itinéraire de Clermont au Puy de Dôme et au Puy de Pariou par H. Lecoq.

ITINÉRAIRE

DE CLERMONT

AU PUY DE DOME.

ITINÉRAIRE

DE CLERMONT AU PUY DE DOME,

OU

DESCRIPTION
DE CETTE MONTAGNE

ET DE

LA VALLÉE DE ROYAT ET FONTANAT;

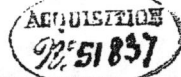

PAR H. LECOQ,

PROFESSEUR D'HISTOIRE NATURELLE DE LA VILLE DE CLERMONT-
FERRAND, DIRECTEUR DU JARDIN DE BOTANIQUE, MEMBRE
DE PLUSIEURS SOCIÉTÉS SAVANTES.

CLERMONT-FERRAND,

IMPRIMERIE DE THIBAUD-LANDRIOT,

Imprimeur-Libraire, rue St-Genès, no 8.

1831.

ITINÉRAIRE

DE CLERMONT
AU PUY DE DOME.

L'AUVERGNE n'est pas seulement remarquable par la grande quantité de faits instructifs qu'elle présente au savant, elle est encore intéressante aux yeux mêmes des gens du monde, par la variété de ses sites, par les souvenirs qu'ils rappellent, et par le caractère particulier de son paysage.

Le premier objet qui frappe les regards du voyageur qui arrive dans cette contrée, est la masse du puy de Dôme, qui peut être aperçu à vingt lieues de distance, et qui domine les montagnes voisines. Le mont Dore et la chaîne du Forez, que l'on voit aussi de très-loin, ne font pas sur lui autant d'impression, que cette pyramide isolée, dont les formes se dessinent à mesure qu'on approche de Clermont. De cette ville, on aperçoit ce puy, sous la forme d'un cône élargi par la base, et dont le pied est caché par un rideau de collines qui lui sont subordonnées. Par une illusion qui a lieu dans tous les pays montagneux, on croit que le puy de Dôme est très-près de la ville, et qu'aussitôt arrivé au sommet des montagnes surbaissées, sur lesquelles il semble s'élever, rien ne s'opposera à ce que l'on commence de suite à gravir ses flancs : cependant il n'en est pas ainsi, et le pied du puy de Dôme est à deux lieues de poste de la barrière de Clermont (1).

Il est facile de franchir cette distance. La grande route de Clermont à Limoges passe assez près de la montagne, et des embranchemens latéraux permettent à toute espèce de voitures d'arriver jusqu'à la base même du cône.

Dès la sortie de Clermont, la grande route est tracée sur une pente d'abord assez douce, et qui ne tarde pas à devenir bien plus rapide; on monte lentement au milieu des vignes et des jardins, ayant toujours le puy de Dôme en face; mais à mesure qu'on s'élève, il semble s'abaisser, et disparaît enfin, caché par les montagnes moins élevées que l'on apercevait de Clermont. On arrive à la hauteur du vil-

(1) La distance de la place de Jaude, à Clermont, au sommet du puy de Dôme, est, d'après les observations de Cassini, de 4,834 toises; celle du sommet de cette montagne au mont Dore st d'environ 15,000 toises.

lage de Durtol ; on laisse à sa droite le joli bois qui sert de promenade à ses habitans et à ceux de la ville, et, suivant les détours forcés qui adoucissent la pente de la grande route, on ne tarde pas à atteindre le *plateau de Prudelles*. Des rochers de granite, qui, au delà de Durtol, commencent à border la route, annoncent un pays plus sauvage. Les vignes ont disparu ainsi que les noyers, et l'air frais que l'on commence à sentir, même pendant les chaleurs de l'été, indique que déjà on est arrivé au-dessus de la plaine. Effectivement, la pente s'adoucit ; on voit à sa droite une colonnade de basalte que l'on exploite pour entretenir la route ; elle fait partie d'un plateau assez étendu et de même nature, sur lequel on se trouve, et que traverse la chaussée. Quand la pluie a entraîné la poussière qui la couvre, on voit, au milieu même de la route, de grosses masses de péridot, qui sont enchâssées dans le basalte. Cette roche se prolonge de l'autre côté, et forme un escarpement à pic, une espèce de promontoire qui se trouve à sept cents mètres d'élévation, et que l'on aperçoit distinctement de Clermont, où on le nomme *Cap de Prudelles*. C'est de là principalement qu'on peut admirer le beau spectacle de la Limagne avec la ville de Clermont qui en forme le premier plan. De là on aperçoit la continuité des plateaux de basalte qui correspondent à celui sur lequel on se trouve. Tels sont, à droite, ceux de *Charade* et de *Gergovia*; et à gauche, ceux des *Côtes* et de *Chanturgues* La Limagne se déroule dans toute son étendue; l'Allier paraît d'espace en espace au milieu des moissons et des arbres de toute espèce qui couvrent cette belle plaine. Les grandes routes, bordées de noyers, se dessinent comme des allées d'orangers au milieu d'un jardin, et l'œil, voyageant avec la rapidité de l'éclair, parcourt en moins d'une seconde les plaines du Bourbonnais et les montagnes de la Loire, qui terminent l'horizon. Rarement un ciel bien pur permet de jouir de toute l'étendue de ce tableau. Souvent des brouillards ou simplement des vapeurs suivent le cours de l'Allier et de la Dore, qui sillonnent la Limagne, ou s'arrêtent sur les villes et les villages qui sont dispersés dans la plaine. On ne se lasse pas de l'ensemble du tableau; mais c'est ici qu'il faut en examiner les détails; c'est là qu'il faut revenir dans la soirée, lorsque le soleil, caché derrière les montagnes volcaniques, envoie encore quelques rayons sur la Limagne; c'est alors seulement que l'on voit distinctement la chaîne du Forez et les ravins qui la sillonnent : on aperçoit la ville de Thiers et les villages qui l'avoisinent, et l'on suit le cordon tracé sur les porphyres par la route de Lyon, qui domine les précipices creusés par les eaux de la Durole. Ces détails d'un immense tableau disparaissent en partie du sommet du puy de Dôme, et leur nombre d'ailleurs devient si prodigieux, qu'on ne peut s'arrêter sur aucun d'eux.

Si l'on voyage à pied, un chemin plus court que la grande route conduit au plateau de Prudelles ; c'est un sentier frayé au milieu des pierres, et que l'on nomme, comme tous les chemins qui abrégent, une *coursière*. On le rencontre à gauche de la route, à la hauteur du chemin de Durtol ; on retrouve de nouveau la grande route que l'on ne fait que traverser pour trouver la suite du sentier, et l'on quitte une troisième fois le grand chemin pour arriver, par une pente rapide, sur les basaltes de Prudelles, et éviter le crochet que les voitures sont forcées de prendre, et que l'on nomme le *Grand Tournant*.

Une fois à Prudelles, la végétation commence à changer ; on se trouve déjà dans la région des montagnes. On voit au-dessous de soi les vignes , les noyers et les arbres fruitiers s'abaisser graduellement et se confondre dans la plaine avec les moissons. Le froment est ici remplacé par le seigle ; le noyer par le frêne, et quelques prés , offrant déjà des plantes subalpines , cachent en quelques endroits l'aridité du terrain ; ils descendent sur un versant qui fait face au bois de Villars , et couvrent ainsi de végétation une vallée au fond de laquelle est une chaussée romaine , dont nous parlerons par la suite , dans la description et l'itinéraire du volcan de Pariou.

On suit un instant la crête qui domine cette vallée , et l'on arrive à *la Barraque* , hameau composé de quelques auberges, et bâti sur la lave qui s'est épanchée du cratère de Pariou. Des monceaux de scories couvrent le terrain environnant ; des pierres sont amoncelées , couvertes de crevasses et de fissures plus ou moins profondes ; on remarque partout l'action du feu , et l'on est en effet sur un large courant de lave , dont l'éruption a peut-être précédé l'existence des hommes.

On approche alors sensiblement du puy de Dôme, qui paraît comme un cône élargi , posé sur une vaste plaine. C'est de ce point qu'il paraît le plus régulier, et qu'il s'élance avec majesté au milieu des montagnes volcaniques qui l'environnent. Le petit puy de Dôme (1), moins élevé que lui, est adossé à sa droite, et semble lui servir d'arc-boutant.

Des proportions régulières distinguent le puy de Dôme des montagnes qui constituent les grandes chaînes des Alpes et des Pyrénées; sa forme arrondie, qui lui a valu son nom (2), le rapproche plutôt des ballons des Vosges et de l'Alsace, que des pics et des plateaux qui constituent les chaînes dont nous venons de parler : cependant, vu de différens aspects, il ne conserve pas la même régularité. Les rochers qui, en quelques endroits, seulement du côté du nord, percent la pelouse uniforme dont il est couvert, sont plus multipliés du côté du sud ; ils y forment des escarpemens et des vallons à pentes rapides ; on observe quelques déchirures qui paraissent de loin, à cause de la blancheur du rocher dans lequel elles sont creusées, et la masse de la montagne paraît avoir éprouvé des dégradations progressives qui ont altéré sa régularité.

_____

(1) On trouve dans quelques ouvrages anciens, et notamment dans le manuscrit de M. Ordinaire, le petit puy de Dôme, désigné sous le nom de *Domet*.

(2) On trouve dans les ouvrages anciens le puy de Dôme désigné sous les noms de *Dumum*, *Duma*, *Podium dumense*.

A la Barraque, deux routes se présentent; une conduit au Mont-Dore, l'autre à Pont-gibaud. On peut suivre indistinctement l'une ou l'autre; on peut même les abandonner toutes deux : le but du voyage est en face, et une petite lieue de plaine sépare de sa base, qui paraît éloignée d'un demi-quart de lieue. Si l'on a le projet de revenir une autre fois visiter le puy de Pariou, il faut aller en ligne droite, ou suivre pendant quelque temps la route du Mont-Dore; mais si l'on est forcé de voir en un seul jour la partie montagneuse qui domine Clermont, il faut suivre la route de Pontgibaud, et visiter en passant le cra-tère de Pariou, pour gagner ensuite le puy de Dôme. Quelle que soit la route que l'on prenne, on ne quitte plus le sol volcanique; tantôt on traverse les rochers qui hérissent la surface des courans de lave; tantôt on marche sur des tapis de bruyères qui s'étendent jus-qu'au sommet des cônes volcaniques, et l'on traverse de temps en temps de petits chemins tracés sur la pouzzolane et les sables des vol-cans. On foule un sol entièrement différent de celui de la Limagne; excepté l'église d'Or-cines et quelques maisons qui l'environnent, on ne voit plus qu'une plaine monotone, qui produit çà et là quelques champs de seigle et d'avoine, et sur laquelle s'élèvent de nombreuses montagnes volcaniques qui donnent au paysage un aspect triste et tout particulier. On voudrait déjà atteindre le sommet de l'une ou l'autre de ces montagnes, pour découvrir au loin un pays plus fertile, et sortir, au moins en espérance, de la solitude dans laquelle on se trouve.

Quand on a visité le beau cratère de Pariou (1), on descend par la partie sud, et l'on arrive au pied du petit puy de Dôme; c'est le côté par lequel on peut le plus facilement en atteindre le sommet, soit que l'on commence à monter par l'extrémité de la montagne qui s'étend en pente douce du côté de Pariou, soit que l'on suive le ravin qui semble former une ligne de démarcation entre le grand puy de Dôme et le petit.

Par l'un ou l'autre de ces deux chemins, on rencontre d'abord un bois qui forme une ceinture interrompue au pied de la montagne. Le *hêtre* y domine; le *coudrier*, la *viorne*, le *sureau à grappes* et de jolis *rosiers* en forment le taillis et protégent les *daphne* et les *airelles* qui y croissent en abondance. Au-dessus de

---

(1) Nous donnerons dans un article spécial la description du puy de Pariou, de son cratère et de sa coulée de lave.

ce bois, la *bruyère* domine avec quelques buissons de *houx* et de *coudrier*, et couvre le sol
jusqu'au sommet du petit puy de Dôme.

Lorsqu'on en a atteint la partie supérieure,
on a fait plus de la moitié du chemin nécessaire
pour gravir le grand puy de Dôme. On est
alors sur un terrain inégal et couvert d'émi-
nences arrondies que l'on aperçoit mieux
quand on est un peu plus élevé. La pelouse
est souvent remplacée par des tas de scories
qui indiquent l'approche d'une bouche igni-
vome, et déjà on avait aperçu sur les flancs,
des ravins creusés dans des sables et des pouzzolanes semblables à ceux que lancent de nos
jours les volcans en activité. On reconnaît
bientôt que toutes ces inégalités sont dues à
des matières qui sont sorties avec violence
d'un centre commun, et qui se sont accu-
mulées autour de leur foyer. Celui-ci est
resté intact; il a conservé sa forme et ses dimensions; c'est un joli cratère, dont les flancs
sont couverts de verdure, et dans lequel on
peut descendre avec facilité.

On lui donne, dans le pays, le nom de
Nid de la poule; il a quatre-vingt-neuf mètres
de profondeur, et trente-cinq seulement sur
son bord méridional. La montagne sur laquelle il se trouve a douze cent soixante-huit

mètres d'élévation au-dessus du niveau de la mer ; c'est une énorme masse de scories qui probablement ont toutes été lancées par cette bouche, et ont ainsi accolé au puy de Dôme une montagne qui en diffère entièrement par son mode de formation et la nature de ses produits.

Quoique ceux-ci soient moins variés qu'à Gravenoire (1), on y rencontre cependant une grande variété de scories et de bombes volcaniques, dont le volume est souvent considérable. Les scories ont quelquefois acquis un degré de fusion qui les rend très - sonores, malgré les pores nombreux dont leur masse est criblée ; elles contiennent du fer oligiste spéculaire. Le petit puy de Dôme paraît, au reste, avoir épuisé toute sa force dans ses éruptions de matières scoriacées, car aucune coulée de lave ne sort de son cratère ni des flancs de la montagne, et quoiqu'un grand nombre de courans couvrent le sol de la plaine sur laquelle il s'élève, ils lui sont entièrement étrangers. Des bords du cratère, on aperçoit sur le flanc du puy de Dôme un chemin en zig-zag, qui semble conduire au

_____

(1) Voyez la description qui en a été donnée, Annales scientifiques, industr. et statist. de l'Auvergne, t. 1er, page 305.

sommet (1). On peut en profiter, quoique
des éboulemens l'aient obstrué sur plusieurs
points ; mais si l'on a déjà l'habitude des montagnes, il est moins fatiguant de monter sur
la pelouse qui recouvre toute la partie nord
du puy de Dôme. A mesure qu'on s'élève,
la vigueur de la végétation augmente, la pelouse sèche et jaunâtre qui couvrait les scories du petit puy de Dôme, se change en
magnifiques tapis de verdure qui cachent
presque partout la roche qui forme la montagne. Celle-ci cependant paraît au jour en
quelques endroits, et il est facile de voir
qu'elle diffère entièrement, par sa nature,
des scories qui composent le petit puy de
Dôme qui lui est adossé. Une pierre blanche,
légère, toujours imbibée d'eau, forme la
masse entière du puy de Dôme, ou du moins
toute la partie dans laquelle on a pu pénétrer. On ne retrouve de roche analogue,
que dans deux localités bien éloignées, les

(1) Il y a quelques années on pouvait arriver au sommet du puy
de Dôme par deux chemins que l'on aperçoit encore, mais dont
on perd la trace de temps en temps. L'un est au midi, et s'appelle
Besassa ; l'autre est au nord, et se nomme les *Gravouses*. On
pouvait alors monter à cheval jusqu'au sommet de la montagne,
tandis que maintenant on ne peut guère dépasser le sommet du
petit puy de Dôme.

montagnes du Cantal et les monts Euganéens.
M. de Buch lui a donné le nom de *Domite*; et
nous reviendrons plus loin sur ses propriétés.

Lorsqu'on a atteint ces rochers, on peut
alors embrasser d'un coup d'œil l'ensemble
du petit puy de Dôme, et remarquer la disposition des scories autour du cratère; elles
y sont placées sur deux rangs.

On continue à gravir la montagne, et que
l'on suive le chemin, ou que l'on monte
directement, on est frappé de la beauté de la
végétation. Une herbe d'autant plus épaisse,
qu'on s'élève davantage, est couverte d'une
foule de fleurs inconnues à la plaine, et l'on
est étonné de leur fraîcheur, à une si grande
élévation, sur une montagne entièrement
privée d'eau.

On croit enfin arriver au but de son voyage,
mais on est encore arrêté par un grand plateau
dont la surface est un peu inégale, et sur lequel
se développent un grand nombre de plantes
remarquables par leur parfum et leur variété.

De là il n'y a plus qu'un pas à faire pour
atteindre le sommet qui, vu de Clermont,
semble former l'extrémité du cône de la montagne, et qui, du point où l'on se trouve,
se présente sous la forme d'une butte sura-
joutée à sa partie orientale.

C'est alors qu'on oublie la fatigue, pour jouir du spectacle qui se présente ; on veut tout voir à la fois, et l'on ne distingue rien qu'un vaste pays couvert de coteaux et de montagnes. De tous côtés la vue s'étend, pour ainsi dire, indéfiniment, et l'horizon se confond avec le ciel : la multitude des objets est infinie, leur éloignement considérable ; leur variété étonne, et l'on cherche long-temps un point de départ, pour les examiner avec détail. Ce qui frappe le plus est la quantité de montagnes qui sont groupées du côté du nord ; elles se ressemblent par la forme ; elles sont toutes coniques ou arrondies ; les unes sont terminées par un cratère ; et au delà du puy de *Pariou* on aperçoit le puy des *Goules*, dont le cratère est moins grand, mais dont les bords empêchent de voir la profondeur. Le puy de *Sarcouy* et le puy de *Clierzou*, l'un en forme de calotte, l'autre offrant l'apparence d'une cloche, et privés de cratère, font partie du même groupe. Tous deux sont formés de la même roche que le puy de Dôme. Le premier est encore exploité pour avoir des pierres de construction ; l'autre offre un grand nombre de grottes qui y furent creusées autrefois pour en extraire des sarcophages. Dans le même groupe, et sur un plan un peu plus éloigné, on remarque une montagne toute déchirée et de couleur rougeâtre ; c'est le puy de *Chopine*, dont le pied est entouré par la montagne des *Gouttes*. Une série de montagnes se prolonge, dans la même direction, jusqu'au delà de Volvic, et presque toutes sont d'anciennes bouches à feu. Un peu sur la gauche, se trouvent deux montagnes accolées, le *Grand* et le *Petit Suchet*, dont la composition minéralogique est aussi différente que celle du grand et du petit puy de Dôme ; et un peu au delà on rencontre le *puy de Côme*, un des volcans les plus puissans de toute l'Auvergne. Son sommet présente deux cratères, dont le plus extérieur a fourni l'immense coulée de lave qui s'est épanchée jusque dans le lit de la Sioule qui traverse Pontgibaud. On aperçoit cette coulée qui couvre un grand espace de terrain sur lequel la végétation commence à s'établir, mais qui n'a pu encore être soumis à aucune culture, et qui paraît, du point où l'on se trouve, comme un désert couvert de rochers (1). Au couchant du puy de Dôme, et bien au delà de la lave

---

(1) Ce courant de lave est le plus considérable de toute la chaîne. Nous consacrerons un article spécial à sa description, ainsi qu'à celle du puy dont il est sorti.

de Côme, on aperçoit quelques monticules
qui sont encore volcaniques ; ce sont les puys
de *Banson*, de la *Vial* et de *Neusont ;* ils sont
situés au delà de la Sioule, que son lit encaissé
dérobe à la vue, et ils se détachent, sans s'é-
lever beaucoup au-dessus d'elles, des plaines
de la Creuse et de la Corrèze qui terminent
l'horizon. Quelques lacs arrondis paraissent
çà et là dans le lointain, et se distinguent
surtout pendant les belles soirées d'automne,
lorsque le soleil n'envoie plus que quelques
rayons obliques réfléchis par leurs eaux. Au
sud, on retrouve une longue série de cônes
volcaniques qui paraissent plutôt alignés que
groupés ; les uns sont couverts de pelouse ;
d'autres de belles forêts ; quelques-uns offrent çà et là des buissons de hêtres, continuellement broutés par les troupeaux, et
presque tous ont leur sommet tronqué ou
creusé en cratères qui témoignent encore des
anciens bouleversemens de l'Auvergne. Cependant cette ligne de montagnes coniques
s'arrête à trois lieues de distance, et quelques-
unes seulement éloignées sur une plaine élevée, semblent marquer la route qui conduit
aux *Monts-Dores.* Ceux-ci offrent des pics dé-
chirés, qui rappellent les montagnes primitives ; souvent un nuage les environne, ou la

neige couvre leurs pelouses. Plusieurs montagnes s'y rattachent ; telle est la *Banne d'Ordenche* qui domine le long plateau qui descend à Laqueuil ; telles sont les roches *Tuillière* et *Sanadoire*, qui sont placées comme les portes d'une vallée qui s'élargit ensuite, et dont les deux bords, couverts de basalte, se prolongent en s'éloignant toujours jusqu'à la petite ville de Rochefort. Le *Pic de Sancy* domine toutes ces hauteurs, et le mont Dore, dont il est le point culminant, bornerait l'horizon si l'élévation des sommets du Cantal ne permettait de les apercevoir à vingt lieues de distance. Le *lac d'Aydat* paraît au pied du mont Dore, quoiqu'il en soit encore très-éloigné ; l'œil peut suivre, pour ainsi dire, jusqu'au *puy de la Vache*, la coulée de lave qui, en élevant naturellement sa digue, a été la cause du séjour de ses eaux.

Toute la partie orientale ne présente qu'une vaste plaine, bornée par les montagnes du Forez, et qui, vers le nord, se confond avec le ciel, par les plaines du Bourbonnais et du Nivernais. Quoique la hauteur à laquelle on se trouve fasse disparaître une partie des inégalités du sol, on distingue dans la Limagne une grande quantité de pics et de plateaux : les premiers sont souvent occupés par les ruines de vieux châteaux, tandis que les plateaux offrent tous des récoltes plus ou moins abondantes. La longue coulée basaltique de *la Serre*, située au sud-est, se distingue parfaitement à cette élévation ; l'œil la suit jusqu'au village *du Crest*, bâti à son extrémité. Un peu au delà paraît la montagne de *Gravenoire*, que ses scories rouges et noires font facilement apercevoir, et la belle vallée de Fontanat qui va s'ouvrir dans la Limagne. Celle-ci est toute entière au pied du puy de Dôme, avec ses villes, ses villages, ses coteaux couverts de vignes, et ses belles avenues de noyers. On voit d'un coup d'œil la partie la plus riche de l'Auvergne, et l'on considère en silence toutes ces habitations dispersées, d'où s'élève une fumée vacillante, seul objet mobile d'un si grand tableau. Quelquefois pourtant des nuages traversent le ciel, et leurs ombres errantes parcourent la plaine, cachant successivement le soleil aux lieux qui se trouvent sur leur direction.

Le calme qui règne dans les hautes régions de l'atmosphère est une des choses qui font le plus d'impression sur l'homme, surtout lorsqu'il atteint pour la première fois une élévation à laquelle il n'était pas encore parvenu. Le puy de Dôme, plus qu'une autre montagne, produit cet effet difficile à décrire ; son élévation de 1,100 mètres au-dessus de la Limagne (1) ; sa supériorité sur les cônes qui l'avoisinent, et sa position au milieu de vastes plaines, en font une véritable île dans les airs, et l'isolement qu'on éprouve au sommet n'en est que plus complet. Ces réflexions, que l'on ne manque pas de faire, conduisent naturellement à examiner l'endroit où l'on se trouve ; c'est un petit tertre arrondi, qui a environ cinquante à soixante pas de circuit, et qui est couvert, comme le reste de la montagne, d'une pelouse jonchée de fleurs (2). C'est là que Perrier vint, d'après les avis de Pascal, placer un tube plein de mercure, dont l'abaissement donna la preuve d'une des plus belles découvertes de l'esprit humain (3).

On y trouve encore les restes d'un ancien édifice ; c'était une chapelle sous le nom de

_____

(1) Son élévation au-dessus du niveau de la mer est de 1,468 m.

(2) D'après les anciennes fables du pays, c'est sur ce sommet que se tenait deux fois la semaine l'assemblée générale des sorciers de France.

(3) Si l'on n'a pas de baromètre à sa disposition, on peut répéter l'expérience avec une vessie que l'on n'emplit d'air qu'aux trois quarts, et qui se trouve entièrement pleine quand on arrive au sommet de la montagne. En descendant, l'air reprend son état naturel.

Saint Barnabé : elle dépendait du prieuré de
Saint Robert, à Montferrand, et existait encore en entier en 1648, lors des expériences
de Perrier. Les débris de cette chapelle offrent
des pierres de nature très-différente, et tout-
à-fait étrangères au puy de Dôme. Il y a même
des morceaux de porphyre qui viennent évidemment des monts Dores. Il n'en est pas
moins singulier, dit Ramond (1), qu'on ait
cherché si loin des pierres, quand on en avait
si près; et l'on ne sait comment expliquer
une pareille bizarrerie, si l'on ne suppose
qu'en imaginant de construire un édifice religieux sur une cîme de pénible accès, on a
fait entrer le transport des matériaux dans les
mérites de l'entreprise.

Un peu au-dessous, se trouve une petite
plaine que l'on a déjà traversée en montant,
mais à laquelle on fait peu d'attention, parce
qu'on est pressé d'arriver au point culminant. Dans les beaux jours des mois de juin
et juillet, un grand nombre de papillons
voltigent sur cette partie de la montagne, et
plus rassurés que dans la plaine, ils se laissent
approcher d'assez près. Lorsqu'on a été fa-

_____

(1) Nivellement barométrique des monts Dores et des monts
Dômes, page 85.

vorisé par un temps calme, assez rare dans les montagnes d'Auvergne, c'est avec regret que l'on quitte cette petite plaine. On la trouve bordée de rochers du côté du sud ; elle est le point de départ d'un assez grand nombre de ravins, dont plusieurs ont leurs versans très-escarpés, mais qui tous sont garnis, dans le fond, d'une herbe longue et souvent couchée, ou de grosses touffes de mousses sur lesquelles il est assez difficile de ne pas perdre l'équilibre. Il y avait autrefois un chemin du côté du sud ; mais des éboulemens l'ont interrompu dans plusieurs endroits, en sorte qu'il faut se résoudre à descendre sur le gazon, et il faut choisir l'est ou le sud-est. Les personnes qui n'ont pas acquis l'habitude des montagnes sont quelquefois effrayées de la pente rapide contre laquelle elles vont lutter. Cette pente uniforme, l'isolement de la montagne, et la profondeur de la Limagne qu'on aperçoit au loin, frappent quelquefois tellement l'imagination, qu'on a beaucoup de peine à se résoudre à descendre. On fait le tour de la plaine du sommet ; on cherche un côté moins rapide ; on préfère souvent celui par lequel on est monté ; enfin on se décide ; et lorsqu'on a fait quelques pas, quand on a vu qu'une chute sur un gazon touffu ne peut produire aucun mal, on trouve bientôt plus commode et plus prompt de descendre que de monter. On peut même s'asseoir sur l'herbe, et se laisser glisser jusqu'au bas, sans qu'il y ait le moindre danger, et l'on est toujours le maître de s'arrêter au moyen de l'herbe sur laquelle on glisse. Si c'est la partie méridionale que l'on a choisie pour descendre, on ne perd pas de vue la ligne des puys volcaniques. Ceux des *Gromanaux*, de *Besace*, de *Monchié*, de *Salomon*, de *Barme*, de *Laschamps*, de *Pourcharet*, etc., tous volcans modernes, ont encore leurs sommets au-dessous de vos pieds. Vous voyez le château d'Alagnat et les beaux hêtres qui forment son parc planté sur la lave. Vous apercevez le village de Laschamps, en partie caché par des arbres, entouré de quelques prairies, et la grande plaine de genêts cultivés, qui sont sa principale richesse. (1). Çà et là s'élèvent des colonnes de fumée produites par les écobuages qui précèdent toujours les moissons de seigle, et lorsqu'on approche un peu des grandes plaines de bruyères qui sont au pied de la mon-

(1) On amène ces genêts à Clermont, où ils servent au chauffage des fours de boulangers. Ils donnent une cendre très-riche en potasse, et qui est vendue pour la fabrication du salpêtre.

tagne, le silence est interrompu par le son lointain des clochettes que portent les troupeaux.

On arrive en peu de temps dans un bois de hêtre dont le sol est couvert par de grandes fougères, et l'on ne tarde pas à joindre le chemin d'Alagnat, qui sépare le puy de Dôme de celui des Gromanaux. Si, au lieu de descendre directement vers ce bois, on se dirige un peu au sud-ouest, on rencontre un petit plateau ou plutôt une sorte de prolongement de la base du puy de Dôme, sur lequel sont épars beaucoup de débris de construction, des tuiles, des morceaux de briques, et quelques massifs encore cimentés, qui indiquent la position d'un ancien village ou le reste d'un vieil édifice.

On descend encore pendant quelque temps par le chemin d'Alagnat, et ensuite on sort du bois. On retrouve alors la bruyère qui pousse en bandes allongées, sur un sol morcelé par l'eau des pluies; ici, on marche sur une terre végétale, riche en terreau, produit par la décomposition de ces bruyères; plus loin, les sables volcaniques forment la base de la plaine, et en se dirigeant un peu à gauche des ruines de Montrodeix, placées sur une éminence qui se présente à l'est du puy de Dôme, on rencontre un chemin sablé de pouzzolane, bordé de blocs de lave, et qu'il ne faut plus quitter. On se retourne malgré soi, pour voir encore l'énorme masse qu'on vient de parcourir (1); on considère sa position sur une plaine parsemée de cônes volcaniques, son association avec le petit puy de Dôme, dont la structure est tout-à-fait différente, et dont le cratère a lancé une si prodigieuse quantité de scories; on se demande enfin quelle a pu être l'origine de cette montagne, quelles sont les substances qui la composent, comment la végétation a pu s'y établir, quels sont les animaux qui l'habitent, et par quelle raison les plantes qui couvrent sa surface, peuvent conserver pendant les chaleurs de l'été, et à une aussi grande élévation, une fraîcheur qui contraste avec l'herbe fanée, fixée au sol brûlé de la plaine.

Les travaux multipliés des personnes qui ont étudié l'Auvergne, et spécialement la montagne du puy de Dôme, n'ont pas sans doute résolu ces questions; mais du moins

_____

(1) Le puy de Dôme, vu d'un certain éloignement, ressemble un peu au Vésuve, quoique cependant cette dernière montagne ait bien plus d'analogie avec le *puy Chopine*, qui est entouré par le *puy des Gouttes*, comme le Vésuve l'est par le *mont Somma*.

ils ont pu jeter quelque jour sur leur solu-
tion.

Avant qu'on ait reconnu en Auvergne
l'existence d'anciens volcans, c'est-à-dire,
avant 1734, on ne s'était pas inquiété de la
nature du puy de Dôme, et ce fut en 1751
que Guettard, annonçant à l'académie des
sciences l'existence de volcans dans cette
contrée, dit seulement, d'une manière vague,
qu'il avait été volcanisé. Quelque temps
après, Desmarest vint étudier avec détail
ces volcans éteints qu'on venait de signaler
à l'attention des géologues. Le puy de Dôme
fut pour lui l'objet de longues méditations ;
mais l'état où se trouvait alors la géologie,
le peu de connaissance que l'on avait sur la
composition des roches et la structure des
terrains, lui firent adopter une opinion qui
n'est plus soutenable de nos jours. Il regarda
cette montagne comme une énorme masse
de granite chauffée sur place par les feux
souterrains qui en changèrent la nature. De
Saussure adopta l'opinion de Desmarest, et
regarda seulement le rocher chauffé, non
comme du granite, mais comme du felspath
terreux : pendant long-temps l'idée de Desmarest fut la seule soutenue ; seulement,
comme chacun voulait faire quelque chose

de neuf, en admettant toujours cette énorme masse chauffée sur place, on faisait varier sa nature avant qu'elle soit altérée, et on remplaçait successivement le granite par le felspath, celui-ci par l'argile; on augmentait l'action de la chaleur par des vapeurs acides, par des sels pénétrans, etc. Enfin, comme on ne pouvait pas faire varier les faits existans, on changeait au moins les causes qui les avaient produits.

La théorie de la formation du puy de Dôme en était à ce point, lorsqu'en 1788 parut l'ouvrage de M. le comte de Montlosier (1); il renfermait de nouvelles idées sur la formation de cette montagne. Une connaissance approfondie du pays qu'il décrivait fit bientôt reconnaître à cet observateur plusieurs montagnes de même nature que le puy de Dôme; tels sont les puys de Clierzou, de Sarcoui, de Chopine, et le petit Suchet. L'analogie de forme que présentent ces masses et celle du puy de Dôme, rendaient probable l'idée d'une origine commune, en même temps qu'elle repoussait la préexistence de roches primitives qui auraient été

_____

(1) Essai sur la théorie des volcans d'Auvergne.

chauffées ou altérées par les feux volcaniques.
On voit, dit l'homme célèbre que nous venons de citer, que tous ces puys de même nature « n'ont été que l'effet d'une éruption
pulvérulente, dont les matières retombant de
toutes parts dans leur propre foyer, ont dû
nécessairement s'épancher en tout sens, et
affecter une configuration sphérique (1). »

(1) Essai sur la théorie des volcans, page 61.

M. de Montlosier fonde principalement sa théorie de la formation du puy de Dôme sur la présence de fragmens de roches sco-
rifiées qu'il a d'abord observées dans les carrières du puy de Clierzou,
et ensuite dans les autres montagnes de même nature. Ces fragmens
sont empâtés dans la roche même. Il appuie encore son hypothèse
de la présence des pierres ponces au sommet du puy de Clierzou.
M. de Montlosier résume ainsi sa théorie, en comparant le puy
de Dôme aux volcans modernes qui l'avoisinent:

« La seule différence est que ces autres montagnes ont produit
souvent des courans immenses de lave, au lieu que le puy de Dôme
et les autres montagnes de la même classe n'en ont fourni aucun.
Côme, par exemple, a inondé de la sienne un pays de près de huit
lieues de circonférence : en partant du moment où la matière de
cette lave commençait à être travaillée dans les cavités de la montagne, si l'on suppose que cette matière fût parvenue à un certain
état de trituration et comme de dissolution, sans pouvoir être frappée
d'un coup de feu assez fort pour arriver à l'état de fusion et de lave,
et que néanmoins la force expansive du volcan eût été assez puissante pour la soulever toute entière dans cet état de pulvérulence ;
Côme porterait aujourd'hui sur lui-même cette masse énorme qu'il
a répandue comme un torrent dans les plaines. On doit croire
qu'une quantité aussi considérable de matières ajoutée à sa masse
lui donnerait une élévation et une stature prodigieusement différente. Telle me paraît la théorie du puy de Dôme, qui porte seulement sur sa cîme et sur lui-même les matières énormes dont les

Dolomieu regardait le puy de Dôme comme le produit d'un volcan qui aurait été bien plus élevé, et que l'Océan aurait entraîné (1).

En 1815, Ramond lut à l'Académie des sciences un mémoire sur le nivellement barométrique des monts Dores et des monts Dômes, et malgré la rapidité avec laquelle il a décrit les sommets de cette dernière chaîne, il n'a pu s'empêcher de s'arrêter un instant sur le puy de Dôme, et d'émettre sur son origine l'opinion qui lui paraissait la plus probable. D'après lui, une immense coulée de lave blanche et poreuse serait partie du mont Dore, pour couvrir le plateau qui supporte actuellement les puys volcaniques. Cette coulée se serait épanchée avant le soulèvement de ces derniers, et c'est alors seulement que le puy de Dôme et les autres puys de même nature seraient restés comme témoins de cette immense coulée, et comme les masures d'un vieil édifice, à travers lequel les feux souterrains auraient fait jouer la mine (2).

---

autres volcans se sont déchargés en lave. » (Essai sur la théorie des volcans, page 63.)

(1) Il resterait à prouver que l'Océan a couvert l'Auvergne, et comment il a pu détruire ce volcan sans entraîner ses produits.

(2) Nivellement barométrique des monts Dores et des monts Dômes.

Peut-être, disait encore Ramond, les montagnes de domite sont-elles le reste d'un petit système distinct, et tout aussi indépendant des monts Dores, que ceux-là le sont du Cantal et du Mezenc.

Ces deux théories furent combattues, en 1828, dans un mémoire inséré dans les Annales scientifiques de l'Auvergne (1), et l'auteur ne manqua pas d'en proposer une nouvelle, sur laquelle la Bibliothèque de Génève (2) publia un article assez étendu, avec des observations qui tendaient à l'appuyer. On suppose que, lors des éruptions du mont Dore, une couche de matières pulvérulentes entraînées par les eaux pluviales et les vents (3), s'est déposée sur la plaine qui est actuellement couverte de cônes volcaniques, et qu'à l'époque où ces derniers ont cherché à se faire jour, il en est qui ont soulevé, sans pouvoir la percer, la couche épaisse qui s'opposait à leur éruption. C'est à un soulèvement de ce genre, qu'on

---

(1) Tome 1, page 64.

(2) Année 1829.

(3) L'opinion qui tend à faire considérer le domite comme un tuf ponceux, et non comme un trachyte, est fortement appuyée par la présence d'une assez grande quantité de charbon de bois qui a été trouvée en creusant les fossés du chemin d'Alagnat, qui passe sur le flanc méridional du puy.

doit attribuer l'origine du puy de Dôme, sa forme arrondie, et la présence du petit puy de Dôme, volcan moderne qui lui est accolé, et dont les efforts ont soulevé sa masse avant d'avoir pu se frayer une issue par le cratère du Nid de la Poule.

Quelle que soit l'opinion que l'on se forme sur l'origine de cette masse imposante, la roche qui la compose n'en est pas moins très-remarquable ; sa texture est poreuse ; elle est rude au toucher, et renferme partout de petits cristaux de felspath, des aiguilles d'amphibole et des paillettes de mica (2). Ordinairement elle se présente avec une teinte blanche qui la fait distinguer de très-loin ; mais souvent ces couleurs changent sur les fissures qui s'y rencontrent ; elle offre toutes les nuances de jaune et de rouge que le feu a pu faire acquérir au fer qu'elle renferme. Ces

(2) La roche du puy de Dôme commence à être l'objet d'une exploitation. On en fait des filtres pour les vins, les huiles, les vinaigres : on la scie et on la débite en dalles de toutes épaisseurs. Elle prend facilement l'émail, resiste au feu, et s'emploie avec beaucoup d'avantages pour garnir l'intérieur des fours et des fourneaux, dans lesquels la chaleur ne doit pas être trop forte. M. Ledru, architecte de la ville de Clermont-Ferrand, a publié, sur l'emploi de cette roche, un prospectus très-détaillé, et la fait exploiter au puy de Sarcouy, qui étant de même nature et d'un accès plus facile, présente plus d'avantages.

fissures sont souvent tapissées par de jolis groupes de fer oligiste que le feu a sublimés sur leurs parois. C'est principalement au sud et au nord, que l'on a rencontré jusqu'à présent ces beaux groupes de cristaux, et l'empressement qu'on a mis à les rechercher les a maintenant rendus très-rares (1).

Une roche aussi tendre que celle du puy de Dôme ne dut pas rester long-temps intacte. L'action de l'air, du soleil, et surtout des brouillards et des pluies, si communs dans les hautes régions de l'atmosphère, ne tardèrent pas sans doute à en altérer l'extérieur, et si l'on en juge par les blocs de roches qui sont encore à découvert, la végétation dut bientôt s'emparer de leur surface : partout, en effet, ils sont couverts de mousses et de lichens qui concourent encore à y fixer l'humidité de l'atmosphère.

Partout ces petites plantes végètent avec une force qu'on ne remarque pas quand elles ont pour support des roches primitives ; mais malgré ces circonstances favorables, com

---

(1) On peut en voir deux groupes magnifiques dans le Cabinet de minéralogie de la ville de Clermont-Ferrand ; ils ont été recueillis au nord du puy, à environ deux cent cinquante mètres au-dessus de l'élévation du petit puy de Dôme.

bien de siècles ont dû s'écouler avant qu'un manteau de verdure ait couvert les flancs de cette montagne : il en est peu cependant dont la végétation soit aussi belle, et dont on puisse suivre le dévelopement avec plus d'intérêt. Excepté quelques espèces printanières qui devancent les autres, et quelques plantes tardives qui terminent le calendrier de Flore, tout paraît, fleurit et se fane dans l'espace de trois mois : du quinze mai au milieu du mois d'août, la végétation a parcouru toutes ses phases et offert au botaniste toute la Flore du puy de Dôme. C'est un spectacle qui n'intéresse pas seulement le naturaliste, d'observer la floraison des plantes depuis la base jusqu'au sommet de la montagne : déjà quelques espèces qui se prêtent à toutes les températures ont fleuri depuis un mois dans la Limagne, quand elles essaient d'ouvrir leurs fleurs à la base du puy de Dôme ; et si leur constitution leur permet d'en habiter le sommet, ce n'est encore qu'un mois après celles de la base qu'on peut espérer de les rencontrer à la même époque de leur existence : c'est ce que l'on peut très-bien observer sur les airelles qui couvrent toute la pente du nord, et dont les fleurs se succèdent en suivant l'élévation du sol, depuis le premier mai jusqu'à la moitié du mois de juin.

Peu de plantes précèdent le mois de mai,
car souvent encore la neige couvre la montagne, et c'est au moment où elle commence
à abandonner quelques espaces, que l'on y
trouve les *crocus*, qui n'attendaient qu'un
rayon de lumière pour s'épanouir. Il s'é-
coule encore quelque temps avant qu'aucune autre espèce ne paraisse, et celles qui se
hasardent les premières restent cachées sous
les buissons, comme pour se mettre à l'abri
d'un hiver qui n'est pas terminé ; alors paraissent les premières fleurs de l'*anémone des bois ;*
leurs pétales blancs teints de rose à leur extrémité restent encore long-temps appliqués
sur leur faisceau d'étamines. La *fumeterre bul-
beuse*, et l'*ysopyrum thalictroïdes*, se montrent
ensemble à la base de la montagne ; leur
feuillage se ressemble un peu, et leurs fleurs
délicates, portées sur des pédoncules flexibles,
luttent contre les tempêtes et les écirs qui
n'ont pas encore abandonné ces régions montagneuses. La *scille à deux feuilles* ouvre alors
ses fleurs d'un bleu d'azur, et sans quitter le
nord de la montagne, elle arrive jusqu'au
sommet. Une herbe longue et couchée par
le poids des neiges qui viennent de fondre,
cache les jeunes pousses d'une foule de plantes
qui vont bientôt la faire disparaître sous leur

feuillage. Les *noisetiers* qui dans la plaine ont
épanoui leurs fleurs dès le mois de février,
en ont encore à la fin du mois de mai; mais
alors la végétation part tout d'un coup, les
buissons se couvrent de feuilles, les *églantiers*
fleurissent, les *graminées* étalent leurs pani-
cules qu'un vent d'ouest tient ordinairement
fléchies du côté de la Limagne. De grandes
luzules, la *pulmonaire à feuilles étroites*, la
mercuriale vivace, couvrent les pentes les plus
voisines du sommet, et le *narcisse jaune*, dis-
persé çà et là, vient y mêler ses fleurs tardives. Un peu plus tard, l'*alchimille des Alpes*
décore une partie de la montagne de ses
feuilles argentées; les *orchis*, les *vaccinium*,
les *arbutus*, disparaissent sous les feuilles
de grandes plantes qui commencent à se développer, et dans le mois de juillet la végétation
a acquis tout son luxe. Il est impossible alors
de faire un pas sans rencontrer des plantes
remarquables. La *grande gentiane* est la plus
commune; elle commence à la base et ne
cesse qu'auprès du sommet; elle est accom-
pagnée des belles *ancolies* dont le bleu contraste si agréablement avec le jaune de ses
fleurs: le *doronicum austriacum*, le *lys mar-
tagon*, l'*angélique sauvage*, sont dispersés sur
les pentes du levant et du nord; le *cacalia*

petasites, qui ne se retrouve plus qu'au mont
Dore, cache les ravins de ses larges feuilles,
et se couvre de fleurs rouges, aux aspects du
nord et du couchant. Partout on rencontre
des *pensées*; mais c'est surtout sur le grand
plateau du sommet quelles offrent le plus
de variétés; elles admettent tous les mélanges
de jaune, de violet et de blanc, et perdent
bientôt dans les jardins ces teintes variées
qu'elles prennent au sommet du puy de Dôme.
L'*arnica des montagnes*, les *chrysanthèmes*, la
pédiculaire feuillée, qui prend ici un plus grand
accroissement que dans les Alpes: le *méum* aux
feuilles découpées, le *serpolet à odeur de ci-
tron*, des *œillets* odorans, un *aconite* à fleurs
jaunes, et l'*athamantha libanotis*, font partie
de la végétation de cette plaine. Ces espèces
croissent encore sur les rochers du sud avec
les *téléphium* à larges feuilles, et le *géranium
sanguin*, qui s'élève ici à une grande hauteur.
Le sommet du puy de Dôme présente alors
un aspect remarquable; des plantes qui croissent habituellement sur le bord des ruisseaux,
dans les prairies humides, viennent se mêler aux
plantes alpines, et partager ce petit espace où
toutes les espèces de la montagne, soit de la
base, soit de ses flancs, semblent avoir des
représentans. La *gentiane* s'y rencontre en-

core avec la *scabieuse des champs* et *l'alchi-mille des Alpes; le myosotis des marais* mêle ses fleurs bleues à celles des *phyteuma* et des *chry-santhèmes* ; le *botrychium lunaria* se cache dans l'herbe avec l'*orchis vert*, sous les feuilles de la *berce branchursine* ou de la *gesse des marais.*

L'oseille sauvage, le *tréfle des prés*, l'*eu-phraise officinale*, la *potentille dorée*, la *bis-torte*, le *caille-lait jaune* et quelques *campa-nules*, viennent encore compliquer cette sin-gulière réunion de végétaux qui succède aux élégans *trollius*, à l'*astrantia major*, à la *saxi-frage granulée* et aux *primevères*, dont les fleurs étaient encore épanouies dans le mois précé-dent.

Dans les bois qui forment une ceinture in-terrompue autour du grand et du petit puy de Dôme, on remarque le *sonchus plumieri*, que l'on retrouve au mont Dore, avec le *son-chus alpinus*, totalement étranger au puy qui nous occupe ; le *senecio cacaliaster*, l'*euphorbe d'hiver*, qui est alors en graines, le *bunium denudatum*, l'*œillet de Montpellier*, le *seneçon à feuilles d'adonis*, le *laserpitium latifolium* et le *jasione perennis*, dont les belles fleurs bleues contrastent avec la couleur noire des pouzzolanes sur lesquelles on la voit souvent former des touffes arrondies.

Cette belle végétation dure jusqu'au milieu du mois d'août ; on ne rencontre plus ensuite que des *verges d'or*, quelques *épervières* et la *scabieuse succise*, dont les fleurs acquièrent au sommet du puy un tel développement, qu'au premier aspect on croirait qu'elles appartiennent à une espèce distincte. Les *airelles* se couvrent de fruits, les graines des *composées* sont emportées par les vents, les *gentianes* et les *martagons* se dessèchent, les feuilles des buissons changent de couleur, et la pelouse jaunie disparaît bientôt sous un voile de neige.

Le puy de Dôme n'offre pas autant de ressources à l'agriculteur qu'au botaniste. Il est partagé en deux parties principales : l'une appartient à M. le marquis de Vayny, ancien seigneur du puy de Dôme ; l'autre fait partie du communal d'Alagnat. Les troupeaux que l'on rencontre sur les flancs arrivent rarement jusqu'au sommet, d'où ils descendraient difficilement. On fauche quelquefois, mais c'est avec peine, et l'on est presque toujours contrarié par les vents : aussi on est obligé de lier l'herbe en bottes aussitôt qu'elle est coupée, et une pente rapide la conduit bientôt au pied de la montagne, où l'on s'occupe à la sécher. Les flancs du puy produisent aussi une grande quantité de bruyère, que les paysans d'Orcines et d'Alagnat arrachent pour se chauffer.

Le manque d'eau absolu, et l'absence de forêts (car on ne peut regarder comme telles les bouquets de bois qui se trouvent à la base de la montagne), rendent la *Faune* du puy de Dôme bien moins riche que sa *Flore*.

Les quadrupèdes un peu gros s'y cachent difficilement, et ne s'y montrent que l'hiver ou pendant la nuit; tel est le *loup* qui préfère pour sa résidence les bois de Côme et de Laschamps qui en sont voisins, et le *renard* que l'on y voit plus communément, et qui s'est creusé quelques terriers dans les parties les plus escarpées du sud et du couchant. Le *lièvre* y est assez commun, et, quoique rare sur le grand puy de Dôme, on le rencontre souvent blotti et abrité dans le cratère nommé le Nid de la Poule; la *belette* et probablement l'*hermine*, la *musaraigne* et une espèce du genre rat complètent à peu près le catalogue des quadrupèdes.

L'ornithologie n'est pas beaucoup plus riche; la plupart des oiseaux que l'on y rencontre n'y font jamais leur nid. Les oiseaux de proie s'élèvent souvent jusqu'au sommet, et l'*aigle* que l'on y voit quelquefois préfère se reposer sur les escarpemens du puy Chopine, ou sur des sommets moins fréquentés. Deux espèces d'*alouettes* qui nichent sous les bruyères, et quelques *fauvettes* qui ne quittent guère les bouquets de bois situés sur les pentes inférieures, sont, avec le *merle*, les chantres permanens du puy de Dôme.

Une herbe longue et souvent humide favorise, malgré l'élévation, la multiplication des *reptiles* et surtout des *ophidiens*, qui cependant se réduisent à l'*orvet* et à deux espèces de *couleuvres*, dont une porte sur la tête une tache jaune qui la fait distinguer au premier coup d'œil. Aucune espèce n'est dangereuse. Le *lézard agile* et le gros *lézard vert*, tous deux très-communs dans la Limagne et sur ses coteaux, sont remplacés par une espèce bien moins vive, qui présente plusieurs variétés de couleurs dues au sexe principalement, et qui n'atteint jamais le sommet de la montagne. Il n'en est pas de même de la *grenouille temporaire*. Celle-ci se rencontre partout, et représente à elle seule l'ordre des *batraciens*; elle atteint de grandes dimensions, offre souvent des variétés bien distinctes, qu'une étude approfondie transformerait probablement en plusieurs espèces.

L'absence de toute espèce de ruisseaux et

même de marres produites par les eaux de
pluie, exclut du puy de Dôme tous les genres
de mollusques fluviatiles ; aussi les *lymnées*,
les *planorbes*, les *cyclades*, les *cyclostomes
aquatiques*, si communs dans les marais de la
Limagne, et dont on trouve encore plusieurs
espèces sur les plaines élevées des montagnes,
manquent absolument au puy de Dôme. D'un
autre côté, la température n'est pas assez
élevée pour le *cyclostome élégant*, ni pour les
bulimes ; en sorte que la conchiliologie se
trouve réduite à quelques *pupa* qui s'abritent
avec la *vitrine pellucide* sous les larges gazons
de mousse humide, et à quelques individus
rares de l'*helix nemorum*, si toutefois on peut
donner ce nom à un hélice à bouche noire
ou violette, plus petit que ne l'est ordinairement cette espèce, et qui en diffère encore
par la forme de la spire et de la bouche. Si
c'est réellement l'*helix nemorum*, c'est une
variété distincte que l'on retrouve dans plusieurs autres localités montagneuses, et qui,
dans celles dont nous nous occupons, n'offre
jamais que les teintes jaunes et roses, sans
aucune bande de couleur plus foncée. Quelques espèces du genre *limace*, dont une de
grandeur moyenne et d'une couleur fauve
très-claire, paraissent aussi, dans les temps

de pluie, jusque sur la partie supérieure;
mais leur multiplication est sans doute subor-
donnée au plus ou moins d'intensité de froid
pendant l'hiver; car, dans certaines années,
on en rencontre beaucoup, tandis que, dans
d'autres, on en voit à peine quelques individus.

Si différentes causes s'opposent à la multiplication des animaux appartenant aux différentes classes dont nous venons de parler, les
mêmes obstacles ne se présentent plus pour
les insectes. La différence dans la température, une couche épaisse de terre végétale,
percée sur certains points par des roches dont
les blocs détachés sont épars à la surface du
sol, une variété infinie de végétaux, sont autant de circonstances qui concourent à y attirer un grand nombre d'espèces.

Les *mille pieds*, les *iules,* se cachent sous les
pierres avec les *carabes* et les *féronies*; c'est
surtout dans le Nid de la Poule qu'on en rencontre d'abrités sous les blocs de scories, dispersés sur la pelouse du cratère; la *cicindelle
champêtre* est commune à la base de la montagne; mais elle s'y élève peu. Les *taupins* et
les *téléphores* voltigent continuellement avec
quelques *longicornes,* sur les fleurs des jasiones
et des ombellifères; des *gribouris* aux ailes

métalliques se cachent dans les fleurons des arnica ; la *chrysomelle glorieuse* se met à l'abri sous les larges feuilles du cacalia petasites, et le *geotrupes vernalis*, plusieurs *aphodius et* beaucoup de *staphylins* se creusent des galeries dans les matières immondes où ils ont choisi leurs retraites.

La *coccinelle à sept points* devient quelquefois si commune, qu'elle couvre toute la partie supérieure de la montagne.

Les *sauterelles* n'y sont jamais bien nombreuses ; elles préfèrent le séjour de la plaine, ainsi que le *grillon*, dont l'espèce commune s'élève cependant sur le flanc du petit puy de Dôme. Bien peu de *libellules*, et l'*ascalaphe*, plus rare encore, viennent se mêler aux *tipules* et aux *ichneumons*, dont le nombre ne le cède pas toujours à celui des coccinelles.

Les fleurs sont couvertes d'*abeilles* et de *bourdons* ; on y voit souvent la *guépe commune*, et une autre espèce qui fixe son nid après les rochers ou sur les branches sèches des genêts qui se trouvent au pied de la montagne.

Le *chrysis enflammé* voltige de fleur en fleur, et plus brillant que les autres hyménoptères, il est aussi plus rare. Ce sont les diptères qui sont les plus nombreux ; outre les tipules que nous avons déjà cités, on rencontre dans le genre *mouche* une variété infinie; il en est surtout une très-petite espèce presqu'entièrement noire, qui couvre sur la montagne des espaces assez grands. Elle se rassemble de préférence sur les rochers et sur les mousses qui les recouvrent, et elles forment, lorsqu'on en approche tout-à-coup, un nuage si épais, qu'on est obligé de fermer les yeux et les narines, jusqu'à ce qu'elles se soient éloignées.

Au milieu de tous ces insectes, on voit souvent voltiger des papillons; mais ils préfèrent à la partie élevée, presque toujours battue par les vents, la lisière des bois qui peuvent leur servir d'abri. On y voit l'*apollon* et quelques *polyomates*, parmi lesquels on distingue l'*arion*, le *chryseis*, le *gordius* et celui de la *ronce*. Dans les beaux jours, ces polyomates, excepté l'*arion*, montent jusque sur la plaine, couverte de fleurs, qui termine la montagne. On y rencontre aussi plusieurs espèces de *satyres* aux ailes foncées, la *piéride gazée*, le beau *machaon*, la *belle dame*, l'*argine aglaée*, offrant quelquefois des variétés, et la *petite tortue* qui paraît surtout à la floraison des scabieuses, et dont les couleurs sont bien plus vives que dans les jardins et les prairies. Les petites espèces y sont assez communes ; on y distingue le *ptérophore pentadactyle* et quelques *teignes rouleuses*. Les nocturnes cependant sont moins communs que les diurnes, et moins rares que les crépusculaires. Le *petit paon* remplace le grand ; le *bombix du chêne* et celui de la *ronce*, l'*écaille du plantain* et sa variété *hospita*, l'*écaille fermière*, et même l'*hébé*, tombent quelquefois dans le filet du chasseur.

Cette abondance d'insectes et surtout de diptères, a déterminé un grand nombre d'*araignées* à se fixer au puy de Dôme. Celles qui appartiennent à la section des *tendeuses*, et que l'on connaît vulgairement sous le nom d'*araignées de jardin*, sont les moins communes ; ce qui tient peut-être aux difficultés qu'elles éprouveraient à tendre leur toile que les vents détruiraient aussitôt. Elles sont remplacées par les *araignées crabes* et les *araignées loups*, parmi lesquelles on rencontre en automne une très-belle espèce, dont l'abdomen est rouge orangé, marqué de quatre points noirs, et dont les pattes sont annelées de blanc.

Ce qui contribue à entretenir sur le puy de Dôme la végétation brillante dont nous avons tracé une légère esquisse, et qui a précédé les espèces d'animaux compris dans cette liste incomplète, c'est la facilité avec laquelle la roche qui compose la montagne absorbe l'eau, et l'attraction remarquable qu'elle exerce sur les nuages. Cette roche double de poids lorsqu'on la plonge dans l'eau, en sorte que le puy de Dôme représenterait une masse d'eau égale à la moitié de son volume environ, si on le supposait saturé de ce liquide; c'est ce qui fait que cette montagne est constamment humide, c'est ce qui explique comment il n'existe ni ruisseaux, ni sources, ni torrens sur aucun point de sa surface. Quelle que soit l'abondance des eaux pluviales, elles glissent le long de la tige des végétaux, et pénètrent bientôt dans le rocher qui leur sert de réservoir commun; et l'on se ferait sous ce rapport une idée assez juste du puy de Dôme, en le considérant comme une grosse éponge plus ou moins imbibée d'un liquide qu'elle céderait aux différens corps qui touchent sa surface.

L'isolement de cette montagne et la hauteur à laquelle elle s'élève, permettent d'observer facilement l'action qu'elle exerce sur les nuages dont elle est souvent entourée. C'est un spectacle dont on jouit fréquemment à Clermont; car il est rare qu'il s'écoule vingt-quatre heures sans qu'un brouillard plus ou moins épais ne se rassemble au sommet du puy. Dans le commencement, on ne voit qu'une vapeur très-rare qui enveloppe comme une gaze légère la partie supérieure de la montagne, et qui ne cache pas la robe de verdure sur laquelle elle est répandue ; cette vapeur suit les contours de la montagne, elle augmente peu à peu de densité, et finit par former un nuage convexe qui enveloppe toute la partie supérieure. On lui donne le nom de *Chapeau du puy de Dôme ;* c'est un phénomène qui se renouvelle souvent dans les belles soirées d'été (1); il con-

---

(1) Ramond s'exprime ainsi relativement au chapeau du puy de Dôme (*Nivellement barométrique des monts Dores et des monts Dômes*, page 87) :

« Le puy de Dôme se coiffe quelquefois, et même par les plus beaux temps, d'un petit chapeau de vapeurs très-différent des nuages qui s'arrêtent habituellement à sa cime. La forme de ce chapeau est régulièrement convexe, sans contour circulaire ; il a toujours une demi-transparence ; ses bords vont en s'amincissant, et se perdent insensiblement dans l'air ambiant. On n'observe ce phénomène que sur des montagnes très-dominantes et isolées. Il y a long-temps qu'on l'a remarqué au *mont Pilate*, dont le sommet se voit de Lucerne et le domine, et cette montagne en a pris son nom, *mons Pileatus*. Je l'ai souvent observé aussi à la cime du pic du midi de Bagnères ; et dans le nombre des noms qu'il a anciennement portés, je trouve celui de *Pic Peylade*. On comprend sans peine comment ce petit nuage se forme ; c'est l'humidité de l'atmosphère que l'absorption de la chaleur condense autour du sommet, quand la température de celui-ci est inférieure à celle de la couche d'air dont il est environné. »

serve son chapeau jusqu'au lendemain matin,
puis on le voit diminuer de densité, jusqu'à
devenir translucide, puis transparent, et disparaître comme il s'est formé. Ce chapeau,
exactement appliqué sur le sol, démontre
bien l'attraction qu'exerce la masse du puy
sur ce nuage ; son épaisseur est égale partout,
et l'on en voit quelquefois deux l'un sur l'autre, et conservant toujours la forme que dé-
termine la surface sur laquelle ils sont appliqués. Les rayons affaiblis du soleil qui disparaît au delà des plaines de la Creuse, viennent
souvent dorer ce dôme de vapeurs qu'un lé-
ger coup de vent enlève quelquefois avec une
rapidité incroyable.

Tantôt le puy de Dôme prend son chapeau
avec un ciel d'azur sur lequel on ne voit aucun nuage ; tantôt des nues amoncelées terminent l'horizon, et indiquent pour le lendemain du mauvais temps, qui reste souvent
confiné dans la région des montagnes. Le chapeau, dans ce cas, ne se dissipe pas comme à
l'ordinaire ; il augmente graduellement,
s'étend même jusqu'à couvrir la montagne
entière, en lui conservant toujours sa forme,
et c'est alors qu'on voit les nues descendre
comme des flots du sommet vers la base
qu'elles n'atteignent jamais ; elles sont ab-

sorbées par la roche poreuse, que nous avons décrite, et vont servir d'aliment aux végétaux variés qu'aucun ruisseau n'arrose. Mais l'attraction du puy de Dôme ne se borne pas à fixer ces vapeurs dans sa masse puissante, il attire les nuages que le vent pousse dans son voisinage ; il les force à s'arrêter sur sa cime ; ils se confondent bientôt avec l'enveloppe de vapeurs qui permettait encore de distinguer sa forme, et toute la partie montagneuse qui domine Clermont disparaît sous les nuages qui confondent la terre avec le ciel.

Si au lieu de jouir de loin de ce spectacle, on se trouve alors au milieu de ces nuages, une obscurité profonde règne autour de vous; vos habits sont bientôt mouillés par une pluie invisible, et si vous atteignez le sommet d'une montagne, à peine osez-vous en descendre. Si le brouillard moins épais permet de distinguer quelques objets, leurs dimensions sont toujours augmentées; un rocher que l'on est sur le point d'atteindre paraît une montagne isolée, et l'œil qui ne peut mesurer la profondeur des ravins les prend souvent pour des précipices. Mais qu'un coup de vent balaye les nuages, toute l'illusion cesse, chaque objet reprend sa place, et le soleil achève de débarrasser l'atmosphère de quelques nuages pelotonnés, qui semblent se dissoudre à mesure qu'ils s'élèvent.

D'autres fois les nuages arrêtés autour du puy de Dôme se transforment en pluie qu'un vent d'ouest dirige toujours du même côté, et dont on ne peut prévoir la fin. Le meilleur parti à prendre lorsqu'on se trouve en course avec de telles circonstances, et surtout quand on a le projet de gravir le puy de Dôme, est de remettre à une autre fois un voyage que l'on pourrait faire sans danger, mais qui deviendrait très-désagréable. La pluie a dans les montagnes un caractère particulier; les gouttes d'eau moins éloignées de leur point de départ, touchent la terre pour ainsi dire sans faire de bruit; elles n'ont pas le temps de se réunir pour former ces larges gouttes que l'on voit souvent tomber dans la plaine. Ne traversant qu'une atmosphère déjà refroidie, la pluie est froide et pénètre les habits en très-peu de temps. Le vent qui la pousse avec force contribue encore à la rendre moins supportable, et si elle vient en face de vous, vous avez de la peine à avancer. Il pleut pendant long-temps avant qu'on s'aperçoive de la présence de l'eau sur le terrain; les produits volcaniques l'absorbent aussitôt qu'elle tombe;

mais bientôt la végétation change d'aspect, et prend au pied des montagnes le caractère de fraîcheur qu'on remarque toujours au sommet du puy de Dôme.

Ces pluies, si fréquentes pendant l'été, ne sont pas moins communes à l'entrée de l'hiver et vers la fin de l'automne ; mais alors la température de l'atmosphère les change souvent en neige extrêmement fine, qui se précipite rapidement, et l'on voit tout d'un coup le puy de Dôme blanchi sortir des nuages dans lesquels il était plongé.

Lorsqu'on a été témoin de l'attraction bien remarquable que le puy de Dôme exerce sur les nuages, et de la grande absorption d'eau qui a lieu sur toute sa surface ; quand on réfléchit à la quantité de liquide qui doit résulter de la fonte des neiges, et qu'y versent des pluies très-fréquentes, on est étonné de ne pas rencontrer la moindre source sur les flancs de la montagne. Tout y est sec, et depuis la base jusqu'au point de la plaine sur laquelle on se trouve, on ne voit que des pouzzolanes arides qui supportent, sans la nourrir, une herbe couchée par le vent, et brûlée par le soleil. On marche encore assez long-temps sur ce sol qui semble devenir de plus en plus aride, et qui cache probablement des réservoirs souterrains qui porteraient la vie à sa surface, s'ils pouvaient s'y frayer une issue. On continue à se diriger du côté de Clermont, ayant toujours à sa droite les ruines de Montrodeix. On rencontre çà et là des terres couvertes de genêts, et qui dépendent de la commune de Laschamps. On arrive auprès d'un monticule qui atteint à peine huit à dix mètres d'élévation au - dessus du sol, et que les habitans désignent sous le nom de *Chuquet - Genestoux*. On a vu au puy de Pariou et au petit puy de Dôme un vaste appareil volcanique, des cratères bien formés et tout ce qui peut rappeler les éruptions terribles qui eurent lieu avant les temps historiques : ici, au contraire, c'est une simple boursouflure du terrain, un soupirail des volcans puissans qui s'élèvent dans les environs, et probablement une cheminée latérale du petit puy de Dôme. On y rencontre des scories très-fraîches, qui composent à elles seules toute la saillie que le chuquet fait au-dessus du sol. Ces scories contiennent du pyroxène, et adhèrent quelquefois à des fragmens de granite, dont la surface a été entièrement fondue ou vitrifiée par l'intensité de la chaleur. Ces morceaux de granite, qui ont évidemment été lancés par ce petit volcan, sont communs autour de lui ; ils sont plus tendres que la même roche, quand elle n'a pas subi d'altération, et le mica qu'ils renferment présente une couleur bronzée due au violent coup de feu qui a arraché ces masses au terrain primitif qui fait la base de toute la plaine. Aucune apparence de cratère ne rappelle cette petite éruption ; mais les traces du feu volcanique sont encore si fraîches qu'on ne peut les méconnaître.

Avant d'arriver à Chuquet-Genestoux, on a déjà rencontré de gros blocs de lave qui paraissent enchâssés dans les pouzzolanes ; mais c'est surtout au delà de cette petite butte, que la lave devient de plus en plus commune. Les blocs se rapprochent, se confondent, et l'on distingue bientôt une véritable coulée d'une lave très-dure et très compacte. Cette coulée semble sortir des environs de Chuquet-Genestoux, et quoiqu'on ne puisse pas lui assigner positivement cette masse de scories, pour son point de départ, il est probable cependant que la lave et ces scories ont entre elles de grands rapports. Peut-être aussi ces gros blocs de lave, qui couvrent une partie de la plaine, sont-ils le produit d'une coulée qui se serait épanchée par quelque fissure du sol, à une époque où de violentes commotions ont bouleversé toute l'Auvergne.

Quelle qu'en soit l'origine , on marche sur la même lave jusqu'à la grande route du Mont-Dore que l'on traverse , et on la rencontre encore jusqu'au commencement de la belle vallée de Fontanat.

On peut se détourner un instant pour voir les ruines de Montrodeix. Ce château fut bâti par Gaifre, duc d'Aquitaine, sur un faisceau de prismes basaltiques qui sortent d'une butte de granite. Les basaltes mêmes sur lesquels il fut construit, fournirent les matériaux de ses épaisses murailles, et leurs prismes couchés les uns sur les autres, et assemblés sans mortier, ne résistèrent pas, en 761 , aux armes de Pepin , lorsqu'il vint ravager l'Auvergne.

DESCRIPTION

DE LA VALLÉE

DE ROYAT ET FONTANAT.

APRÈS avoir traversé la route du Mont-Dore, on laisse à sa droite le vieux château de Montrodeix , et le hameau du même nom, placé au bas de ce monticule ; on entre de suite dans un chemin assez étroit et garni des deux côtés de blocs de lave arrangés en forme de murailles. On commence à voir des maisons ; elles sont entourées d'arbres et même de prairies, qui annoncent un terrain moins aride que celui qu'on vient de parcourir depuis la base du puy de Dôme. Une verdure, dont la fraîcheur contraste avec celle qu'on vient de quitter, indique la présence de l'eau qu'on n'a pas rencontrée depuis long-temps. On arrive à la Font-de-l'Arbre, hameau bâti sur la lave, et là on voit quelques sources qui sortent de dessous la coulée. Une autre source plus abondante , et dont la température moyenne est de 8 degrés environ , est entourée de grosses pierres , et sert principalement aux usages des habitans ; elle est assez profonde , abondante et d'une limpidité parfaite. A peine ces eaux sont-elles sorties des rochers, qu'elles sont dirigées avec intelligence par les habitans. De petits canaux les conduisent de suite dans des prés qu'elles arrosent ; on ménage avec soin la pente du terrain , pour prolonger leur cours , et déjà l'aspect du paysage est changé. Un air de vie et de fraîcheur se répand partout ; les sommets des montagnes ne paraissent plus que de temps en temps à travers les ouvertures du feuillage. Une belle vallée s'ouvre devant vous , et les eaux réunies cherchant de tous côtés à s'échapper des petites digues qui les contiennent, vont bientôt disparaître sous la végétation qu'elles ont développée.

A peine a-t-on passé la Font-de-l'Arbre , qu'on arrive à Fontanat, village situé dans la vallée , et encore bâti sur la lave ; mais c'est là qu'elle s'arrête et forme une petite éminence que l'on désigne sous le nom de *Chuquet d'Autour*. Plusieurs sources s'échappent de l'extrémité de cette coulée et vont réunir leurs eaux à celles du ruisseau que la pente de la vallée change, pour ainsi dire, en torrent. Partout on voit des filets d'eau vive qui sortent d'une roche noire ; de tous côtés on entend le bruit des moulins qui commencent à la Font-de-l'Arbre, pour ne finir qu'à Clermont. Une source est plus considérable que toutes les autres, et sort avec fracas près d'un ancien moulin, bâti au niveau du ruisseau. On appelle cette source le Canal, et effectivement, à la manière dont l'eau s'en échappe, il semble qu'elle y est amenée de plus loin, et que la source n'est pas l'ouvrage de la nature. Le manuscrit d'Audigier, déposé à la bibliothèque royale, et cité par Delarbre, semble confirmer cette opinion dans le passage suivant :

« La ville de Clermont ne manquait pas d'eau de source dans l'espace que contenait son enceinte, dans les faubourgs et dans son propre territoire. Ces eaux jaillissent à Fontgièvre, à Fontmaure, à Chamalières, aux Roches, à Saint-André, au Champet, à Rabanesse, à Saint-Jacques, à Saint-Pierre, à Jaude, à Beaurepaire, à Saint-Mart, à Sainte-Claire, à la Garde, à Saint-Alyre, à Bien-Assis, à l'Oradoux.

» Les eaux de Fontgièvre, de l'Oradoux, de Fontmaure, de Bien-Assis, de Chamalières, de Saint-André, de Rabanesse, de Saint-Jacques, sont vives et saines; les autres sont minérales.

» Ces sources ne suffisaient pas pour la commodité des quartiers hauts de la ville, il fallut recourir aux aquéducs. L'auteur de la vie de saint Austremoine a conservé la mémoire du plus ancien de tous : il était entier, sous l'empire de Dèce, en 250, et déchargeait à Clermont tout le ruisseau d'Estoupat (c'était le lac de Servières), qui coule vers Orcival. L'aquéduc commence dans le pré Lecomte, et continue jusqu'à Fontanat, dont la source n'est que l'écoulement de l'ancien aquéduc qui s'est rompu en cet endroit. L'on observe encore ses vestiges depuis Fontanat jusqu'à Clermont. Il ne reste plus d'ouvrage de cette nature qui fût plus magnifique. Il n'était pas porté sur des arcs hors de terre, comme ceux de Nîmes. On voulut conserver la fraîcheur de l'eau en formant l'aquéduc tout-à-fait sous terre, de briques et de mastic, de trois pieds de hauteur et d'un pied et demi de largeur, en sorte qu'un homme peut y passer en se courbant.

» Les fontaines de Fontgièvre, de Fontmaure, de Chamalières sont des écoulemens de cet ancien aquéduc, qui traversait toute la ville ; car après avoir fourni le haut de la ville, il se déchargeait dans la maison d'Emeric et celle de Dumas, situées au quartier des Carmes-Mitigés, et dans la partie orientale.

De là il procède qu'il paraît quelques traces de l'aquéduc dans la cave d'Emeric, et qu'il en coule quelque reste d'humeur dans ladite cave. De là il conduisait les eaux dans toute la partie orientale, où il traversait l'enclos des Jacobins où l'on voit des vestiges. (1) »

Ce fameux aquéduc fut détruit par Thierry, fils de Clovis, et premier roi d'Austrasie, qui mourut en 334.

Si réellement cette belle source du Canal n'est que la sortie des eaux du lac de Servières, c'est une chose bien singulière qu'on soit allé chercher des eaux aussi loin, quand on en avait plus près d'aussi abondantes.

La grande quantité d'eau qui existe dans le village de Fontanat est encore augmentée par une très-belle source, qui s'échappe dans une prairie, sur le bord du chemin. Cette source sort de plusieurs ouvertures, et l'eau arrive avec assez de force pour imprimer un mouvement continuel aux graviers qui se trouvent au fond du bassin. Sa température est de 9 degrés, et aussitôt sortie, elle s'épanche sur une herbe allongée, constamment couchée par le poids du liquide qui se répand en nappe au milieu

(1) Delarbre, Notice sur l'ancien royaume des Auvergnats, page 109.

de cette belle prairie. Plusieurs plantes aquatiques d'un beau vert annoncent, par leur
balancement continuel, le mouvement des
eaux du bassin, qui s'écoulent ensuite avec
rapidité, et vont se réunir à celles du village.

Pour jouir de tout l'effet que produisent
ces eaux limpides, il faut, pour sortir du village, suivre le cours du ruisseau. On est arrêté par des moulins ou par des maisons bâties sur le bord de l'eau ; mais en descendant
toujours, on arrive dans une gorge assez profonde et creusée dans la lave. Plusieurs moulins qui y sont construits profitent facilement
de la chute et de l'abondance des eaux ; aussi
leurs roues sont petites et construites avec
économie ; elles sont simplement munies de
palettes sur lesquelles l'eau frappe avec force,
et la pente du terrain compense suffisamment
la perte de force due aux vices de construction. Le mécanicien pourrait sans peine y
apporter de nombreux perfectionnemens ;
mais le peintre y trouverait des modèles entre
lesquels il hésiterait long-temps sur le choix.
La simplicité de ces constructions, les détours des eaux qui arrivent tantôt par en bas,
tantôt par en haut, des vannes formées par
une petite planche, contre laquelle l'eau arrive avec force, et se divise en une gerbe

brillante, produisent un effet difficile à décrire ; mais ce qui anime surtout le paysage, c'est le mouvement de toutes ces roues qui tournent souvent en sens contraire, et à demi cachées sous de larges touffes de verdure : elles-mêmes sont couvertes de *mousses*, de *marcantia*, et d'une foule de petites plantes qu'elles emportent dans leur mouvement de rotation, comme la terre entraîne dans sa course autour du soleil tous les objets qui se trouvent à sa surface.

Auprès du dernier moulin, on rencontre encore une petite source dont les eaux se rassemblent dans une auge de pierre, et l'on voit devant soi un passage étroit entre le mur du moulin et la lave, dans laquelle cette gorge est creusée. On peut, avec un peu d'adresse, traverser ce passage sans se mouiller les pieds, et l'on se trouve en face du plus beau point de vue de Fontanat. Plusieurs roues tournent avec rapidité, et dispersent autour d'elles la surabondance des eaux qui leur communiquent le mouvement. Ces gouttes d'eau montent, descendent, se croisent en tous sens, prenant successivement la teinte des objets environnans. Le trop plein et plusieurs cascades en lancent encore dans les airs une nouvelle quantité, qui retombe en pluie fine sur les mousses dont les digues sont couvertes. La blancheur de ces eaux écumantes contraste avec les masses de lave noire sur lesquelles elles s'épanchent, et avec les bouquets d'arbres que l'humidité entretient dans une fraîcheur continuelle. Des blocs de rochers détachés de la vallée, et entraînés par le ruisseau, restent amoncelés sous ces voûtes de verdure; ils s'opposent au cours de l'eau, lui font faire mille détours, augmentent encore le bruit des cascades, qui couvre en partie celui des moulins, et disparaissent sous les fougères et les fleurs.

Le point d'où l'on peut le mieux observer toutes ces chutes d'eau, est une portion assez bien conservée de l'ancien aqueduc dont nous avons déjà parlé : il est construit en mastic très-solide, et reçoit les eaux qui s'échappent des moulins. A une certaine distance, il se divise en deux branches, dont l'une conduit ses eaux au midi; elles servent bientôt à l'irrigation des belles prairies situées entre Fontanat et Royat, et l'on suit difficilement sa direction; l'autre se dirige vers le nord, et paraît mieux conservée; elle longe les prairies de Villars, et y répand ses eaux; on la suit près des habitations et dans le bois qui est au-dessous de Villars; on la rencontre encore

sur la route romaine, à une petite distance
de Chamalières; mais l'eau n'y coule plus; sa
construction est partout la même; c'est un
béton très-solide qui paraît avoir été fait avec
beaucoup de chaux et une certaine propor-
tion de pouzzolane noire.

La majeure partie du ruisseau de Fontanat (1) suit la pente du terrain, et va arroser
les belles prairies qui couvrent les pentes de
la vallée jusqu'au village de Royat. On le laisse
à droite, et après avoir suivi pendant quelques minutes la prise d'eau de l'aquéduc, on
rencontre une pente très-rapide, et on se
trouve sur la route de Fontanat à Clermont.
On ne doit pas s'attendre à trouver ici une
grande route comme celle qui conduit de
Clermont au puy de Dôme; c'est simplement
un chemin que peuvent fréquenter les voitures rurales, c'est-à-dire, un petit char atelé
de deux vaches, et à condition de ne pas se
croiser avec un semblable équipage. Lorsqu'on sort de Fontanat par cette route, sans

(1) Ce ruisseau est nommé dans les plus anciens titres *Scatéon*, mot
grec qui signifie *conduit souterrain*, *petit ruisseau sous terre*. Cette
dénomination paraît bien indiquer son origine. Ce ruisseau *Sca-*
téon est divisé en deux bras au-dessus de Chamalières: celui du
nord est appelé *Tiretaine* ou *Béda*; celui du midi, *Artier*.
(Delarbre, *Notice sur l'ancien royaume des Auvergnats*, p. 112.)

descendre aux moulins ; on voit qu'on a été obligé de percer un rocher pour sortir de la gorge qui fermait en quelque sorte cette partie de la vallée. Le chemin y est très-étroit , et creusé dans le granite. Déjà quelques gros blocs de même nature sont dispersés dans le village, et le granite a remplacé la lave ; mais à peine est-on sorti de ce défilé , qu'on aperçoit à une très-petite distance une grande quantité de ces blocs arrondis, qui atteignent quelquefois des dimensions considérables ; on en voit le long du chemin , sur les hauteurs qui le dominent à gauche, et plusieurs de ces masses ont roulé dans la vallée, où se sont arrêtées sur ses flancs. On en trouve quelquefois plusieurs qui sont empilées , et dont la supérieure est comme suspendue. Une autre est fendue en deux, et les deux fragmens rapprochés n'adhèrent plus par aucun point. On aperçoit de l'autre côté de la vallée des boules semblables et qui peut-être sont encore plus grosses. Les plus belles sont auprès du parc de Solagnat. On suit pendant long-temps ce chemin tracé sur le granite , et presque toujours bordé d'arbres du côté de la vallée. Celle-ci s'élargit insensiblement, et le chemin conservant une pente très-douce, vous éloigne

5.

de plus en plus du ruisseau dont on entend toujours le bruit.

Il est peu de vallées qui présentent autant de fraîcheur que celle-ci, et qui soient situées dans une aussi belle position. Une pelouse unie et couverte de fleurs en tapisse les flancs; des arbres fruitiers répandent partout leur ombrage, et le bois que l'on aperçoit au loin sur le versant opposé, descend jusque sur les bords du ruisseau qui disparaît sous son feuillage. Quelques rochers nus s'élancent au milieu des arbres, et forment la crête des montagnes. Le volcan de Gravenoire élève sa cime brûlée au-dessus de la verdure, et les châtaigniers fleuris, qui ceignent sa base en forme de ceinture, ombragent encore le village de Royat, qui paraît au loin à une grande profondeur. La vallée s'ouvre alors dans la Limagne, souvent couverte de vapeurs qui lui donnent l'aspect d'une mer éloignée.

On entre bientôt sous l'ombrage de ces vieux châtaigniers; on traverse des prés-vergers arrosés par une eau limpide, émaillés par les fleurs bleues des *myosotis*, et les corolles dorées des *renoncules*. L'eau qui coule de toutes parts entretient ces plantes dans une fraîcheur qu'on ne se lasse pas d'admirer, et elles se développent avec tant de vigueur qu'elles cachent la lave de Gravenoire sur laquelle le village est bâti (1). Des rues sales et étroites, presque toujours humides; des maisons mal bâties, dont l'intérieur est à peine éclairé par quelques lucarnes, des escaliers extérieurs, et dont la solidité n'est pas à l'épreuve; enfin, une église gothique (2) qui semble lutter contre la végétation qui veut s'emparer de ses ruines, tel est le spectacle que présente Royat. On n'est plus cependant qu'à une demi-lieue de Clermont, mais on en est à cent lieues pour la civilisation; tout le luxe est du côté de la nature, rien du côté des habitans. Resserrés dans une vallée étroite, placés au milieu d'une atmosphère froide et humide, ils sont

(1) Royat doit son origine à un monastère de l'ordre de saint Benoît, qui s'y établit au sixième siècle. Le sol couvert de broussailles et de buissons (*rubi*, d'où dérive le nom latin de ce village, *Rubiacum*, *Rubiac*, Royat) , fut défriché et cultivé par les religieux, qui y attirèrent quelques familles à qui ils cédèrent quelques fonds; la population s'accrut, il s'y forma une paroisse.

Il y a environ cent ans que de Clermont ou ne voyait pas ce village, qui aujourd'hui est à découvert et se voit dans toute son étendue. — En 1356, il fut en partie détruit par un grand incendie, qui eut lieu à la fin du mois d'août, vers les huit heures du soir (Delarbre).

(2) Cette église fut bâtie au septième siècle. On voit encore autour quelques restes de l'ancien monastère, au-dessus de la lave sous laquelle la grotte est creusée.

sujets à toutes les indispositions que ces circonstances peuvent amener, et les goîtres
surtout y sont plus communs que dans toute
l'Auvergne.

Au milieu de la grande rue, on rencontre
une fontaine dont l'eau coule dans un bac de
pierre de Volvic. A côté est une arcade sous
laquelle il faut passer pour gagner le fond de
la vallée. On passe près d'une croix gothique
sculptée sur la lave, et dont le pied est couvert d'inscriptions ; on laisse l'église à sa
droite, on rencontre une autre fontaine
dont l'eau s'écoule par quatre jets, et descendant encore, on arrive enfin dans une
gorge très-étroite, creusée par le ruisseau
dans la lave du volcan de Gravenoire. Là, on
est étonné de la quantité d'eau qui arrive de
tous côtés ; on n'entend que le bruit des cascades. Partout la mousse s'étend en longs
tapis sur les roues des moulins, et couvre
les masses de lave dans laquelle la vallée est
creusée ; le soleil peut à peine pénétrer sous
les rameaux entrelacés des noyers et de tous
les arbres qui penchent sur la vallée, et les
châtaigniers qui couvrent la base du puy de
Châteix, descendent jusque sur les rochers
qui bordent le précipice. C'est près du ruisseau qui coule avec bruit sous cet ombrage

que s'ouvre la grotte, si souvent dessinée par
les peintres. Sa largeur est de vingt-six pieds,
sa profondeur égale sa largeur, et le point le
plus élevé de la voûte au-dessus du sol est de
quinze pieds. Elle fut creusée par les eaux
qui jaillissent sous la lave par sept ouvertures, et qui ont entraîné une partie du terrain meuble sur lequel reposait cette bran-
che du courant de Gravenoire. On voit cette
eau limpide sortir avec abondance du point
de jonction de cette lave avec le terrain sur
lequel elle s'est épanchée, et tomber en cascades qui, réunissant leurs eaux, forment le
ruisseau qui sort de la grotte.

- L'humidité et la température uniforme qui
y règnent constamment, entretiennent à la
surface de ses parois des plantes d'un vert magnifique; on y distingue surtout des *mar-
chantia*, des *byssus* verts et roses, dont le
mélange produit un effet très-agréable, et
des *lichens* qui s'étalent sous forme de rosettes.
Toute la voûte est couverte de ces petites
plantes qui cachent la surface du rocher sans
faire disparaître ses inégalités. De larges fissures divisent la lave sous laquelle se trouve
la grotte en masses prismatiques qui restent
suspendues au-dessus de votre tête; des touffes
de verdure sortent de toutes les fentes où quel-

ques racines peuvent pénétrer ; les longs rameaux du lierre couvrent toutes les surfaces,
et la lave qui, dans cet endroit, a plus de
quarante pieds d'épaisseur, supporte des maisons et de grands arbres qui dominent toute
la vallée. On a peine à croire qu'un site aussi
beau, ait été autrefois désert, et l'on se re-
porte avec peine à cette époque éloignée, où
une lave incandescente descendant de Gravenoire comme un fleuve de feu, est venue ter-
miner son cours dans un lieu qui n'offre plus
que des eaux et de la verdure. On peut cependant remonter le cours de cette lave sans la
quitter un instant. A peine est-on sorti du
village qu'on entre sous les châtaigniers ; au-
dessus d'eux, existent des cerisiers nains qui
croissent sur le flanc du volcan, et l'on arrive
bientôt au point d'éruption dont la lave est
partie, et l'on ne peut plus douter de son
origine, quand on marche sur des scories
aussi fraîches, que si le feu qui les a formées
venait de s'éteindre. Royat n'existait pas
alors ; la lave incandescente se refroidissait
peu à peu ; les eaux dérangées dans leur
cours et réduites en vapeur, cherchèrent
à se frayer une issue sous la masse qui les
couvrait, et elles finirent enfin par se faire
jour à travers toutes ces matières volcaniques ;

la végétation s'établit bientôt sur le bord des sources. Le ruisseau de Fontanat, arrêté dans sa course, rongea peu à peu la digue qui retenait ses eaux, creusa ce beau vallon tel qu'il existe aujourd'hui, et mit à découvert ces jolies 'grottes où l'auteur de la Fée de Royat a trouvé le sujet d'un poëme des plus élégans et des plus vrais.

Moins patient que le naturaliste, le poëte n'a pas laissé au temps le soin de changer une lave brûlante en un site couvert de verdure ; une fée s'est chargée du prodige, et l'on ne sait qui a le mieux réussi, ou de la fée dont la baguette a produit le miracle, ou du poëte dont la plume l'a retracé avec autant d'élégance.

« C'est toi qui la reçus , abri mystérieux ,
Grotte heureuse, aujourd'hui berceau de nos fontaines,
C'est toi qui fis couler le calme dans ses veines ;
Ta pierre s'amollit , tu te couvris de fleurs
Pour adoucir sa pose et charmer ses douleurs.

» Aux chants de mille oiseaux la vierge se réveille ,
Et c'est encor l'amour qui parle à son oreille.
Triomphe , heureux vallon ! tu fis sa sûreté ,
Tu recevras le prix de l'hospitalité ;
Elle veut t'enrichir, te combler sans mesure
Des biens et des attraits épars dans la nature ;
Elle veut que ces bords disent au voyageur
Que d'une enchanteresse ils ont fait le bonheur.

D'abord pour consacrer la grotte hospitalière ;
Un éternel bienfait va couler de sa pierre.
Dix fois d'un doigt magique elle parle au rocher :
Le trait n'est pas plus prompt sous le doigt de l'archer ;
L'eau jaillit à grands flots ; dix sources écumantes
S'échappent en grondant de leurs prisons béantes :
Et d'un bruit si nouveau le pâtre stupéfait
Frémit d'abord, s'approche, et bénit le bienfait.

» Qui dirait les trésors apportés par ses ondes,
Les rouages criant sous leurs chutes fécondes,
Les grains qui par la meule à grand bruit écrasés,
Vont rendre là vigueur aux mortels épuisés ?
Les prés sont abreuvés, la campagne est fleurie :
La riche agriculture entretient l'industrie.
De l'orge et du houblon s'arrogeant les vertus,
L'eau va rivaliser la liqueur de Bacchus ;
Ici la noix pressée éclaire ou nourrit l'homme ;
Là le pauvre ravit son breuvage à la pomme ;
Là naissent des feuillets qui prendront une voix
Pour défendre les mœurs, la liberté, les lois.

» Suivons, suivons des yeux la baguette enchantée ;
La dette des bons cœurs n'est jamais acquittée.
Elle effleure le sable, il y naît un berceau,
Le granit le plus dur enfante un arbrisseau ;
De nuance en nuance, et d'étage en étage,
Partout brille sa grâce, ou sa fierté sauvage.
Le châtaignier pompeux lance au ciel ses rameaux,
Et le pampre enrichit et pare les coteaux.
Tu naquis sous ses pas, joli mont des *Chambrettes* (1)!

_____

(1) C'est le nom local de cette belle colline.

C'est elle qui forma ces cellules discrètes
Où viennent amoureux, poëtes et buveurs,
D'un tendre enivrement savourer les douceurs.
Vieux chênes, votre gui bientôt nous fera honte ;
Tombez, cédez la place aux fruits de Cérasonte.
Vous, restez, noirs débris des volcans destructeurs,
Des désastres passés nous aimons les horreurs,
Et l'homme, ami secret du trouble et du ravage,
Jusque dans ses plaisirs en recherche l'image.

» Que vous dirai-je, enfin ? ce fortuné concours
D'accidens, ce combat des ombres et des jours,
Ces rochers suspendus sur l'amant qui soupire,
Ce séduisant gazon qui rit à son délire,
Ces eaux qui dans leur fuite emportent ses sermens,
Ces fruits vers lui penchés pour rafraîchir ses sens,
Ces aspects tour à tour inspirant la folie,
La terreur, ou la joie, ou la mélancolie.....
Voilà son grand ouvrage ; elle a déguisé l'art
Si bien que l'œil s'y trompe et rend grâce au hasard.

» Et de la Fée au loin les grâces se répandent,
Aux besoins des cités ses bontés condescendent.
Fier d'avoir étonné l'audace des Romains,
L'Auvergnat relevait sa ville et ses destins
Dans un site enchanteur, et sous des cieux prospères
Qui lui prodiguaient tout, hors les eaux salutaires.
Ses vieillards à Royat marchent en supplians.
L'indulgente beauté sourit aux cheveux blancs:
Leurs vœux sont exaucés : de son urne féconde
Partent, emprisonnés, les trésors de son onde ;
Elle les suit de l'œil, sa gracieuse main
A travers les rochers leur indique un chemin,

Et de loin leur montrant le but qui les appelle :
« Courez, légères eaux, vers la cité nouvelle,
Portez de mon pouvoir, comme de ma bonté,
L'éclatant témoignage à la postérité. »

(REYMOND, dans *la Fée de Royat.*)

Toutes les eaux qui arrivent à Clermont, viennent effectivement de Royat, et la grotte citée par le poëte est à une très-petite distance de celle dont nous avons parlé plus haut. On suit pendant quelques pas le cours du ruisseau de Fontanat ; on traverse une végétation des plus belles, qui cache, pour ainsi dire, la lave sur laquelle on marche ; ce sont des *géranium*, des *circea*, des *dorines printannières* auxquelles succèdent la *balsamine sauvage*, remarquable par ses tiges noueuses et transparentes, ses fleurs suspendues et l'élasticité de ses fruits qui, au moindre choc, lancent au loin les graines qu'ils renferment.

C'est à l'aspect du nord, et dirigée sur le vallon, que se trouve l'ouverture de cette grotte, également creusée par les eaux sous le même courant de lave. Elle est moins grande que l'autre ; sa profondeur est de dix-huit pieds, sa largeur de quinze, et sa hauteur de sept dans le point le plus élevé. Ici, l'art est venu au secours de la nature. Tous les filets d'eau qui sortaient par-dessous la lave, ont été amenés par des conduits dans un beau bassin. On y a même fait arriver par une route souterraine une source qui est placée au-dessus de la première grotte, et qui, à certaines époques, y verse par un tuyau de terre que l'on voit à sa droite, la partie surabondante de ses eaux. Ces sources viennent se rendre par dix ouvertures dans un premier bassin, où elles déposent le sable et les graviers qu'elles ont entraînés, et leurs eaux réunies, versées dans un autre bassin, tombent immédiatement dans un canal qui doit les conduire à Clermont.

Ces eaux appartiennent à la ville par des titres ; mais on fut d'abord très-embarrassé pour les faire sortir de la gorge vers laquelle elles s'épanchaient, afin de leur faire prendre le chemin de Clermont. On n'y parvint qu'en les conduisant de l'autre côté de la coulée, c'est-à-dire, en leur faisant faire un trajet de plus de vingt toises sous un courant de lave, dont l'épaisseur est d'environ quarante pieds.

On trouve à ce sujet dans l'ouvrage de Delarbre des détails que leur concision nous permettra de rapporter.

« La première cession faite par le seigneur de Royat est de 1511, et la seconde est de 1661. Pierre Guichon, ingénieur de Liége, en entreprit la conduite ; Gabriel Simeoni, ingénieur, de Florence, donna le devis, indiqua les moyens de sortir les eaux de ce réservoir, de vaincre les difficultés qui paraissaient insurmontables. Il s'agissait de percer une énorme masse de basalte, très-dure et très-difficile à entamer, dans un espace de la longueur de vingt-trois toises. Il fallait creuser dans l'intérieur de ce rocher, un passage couvert, haut de cinq pieds, large de quatre. Cette excavation fut commencée en 1515, et achevée en 1558 : ce travail exigea plus de quarante ans. Lorsqu'on considère la nature de ce rocher, et les dangers de cette entreprise, on ne doit pas être étonné du grand nombre d'années employées à creuser dans une masse vitrifiée très-compacte, et capable de résister aux instrumens les plus acérés.

» Ce rocher percé d'outre en outre, on construisit à son extrémité un canal en maçonnerie d'un pied cubique, jusqu'au regard de Lussau, de la longueur de 347 toises.

» Du regard de Lussau, la conduite fut faite en tuyaux de bois jusqu'au regard Taillandier (530 toises).

» Du regard Taillandier à l'endroit le plus élevé de la ville, la conduite fut faite en poterie (597 toises). Total de la conduite, 1474 toises. »

La conduite des eaux de Royat a depuis été faite partie en tuyaux de pierre de taille, partie en tuyaux de fonte qui, malgré la pureté des eaux, s'engorgent de carbonate de chaux et d'hydrate de fer.

Arrivées au point le plus élevé de la ville, les eaux montent par des tuyaux de pierre de taille dans une chambre voûtée qui tient à la salle de spectacle. Elles s'épanchent dans un beau bassin, et au moyen de robinets, on les distribue dans tous les quartiers de la ville. En cas d'incendie, un gros tuyau de décharge fait sortir toute l'eau dans la partie la plus haute de la ville, d'où on la dirige du côté où elle est nécessaire. Un embranchement porte aussi à volonté une grande masse d'eau dans la salle de spectacle.

Il paraît assez étonnant qu'on soit resté, comme le rapporte Delarbre, quarante ans à creuser la galerie qui conduit les eaux de l'autre côté de la coulée, car cette galerie n'est pas percée dans la lave, mais seulement dans le terrain qu'elle recouvre. La voûte du canal forme le sol de la galerie qui commence dans la grotte à gauche du bassin. Il faut d'abord se baisser et marcher très-incliné. On trouve à droite une petite source qui va se réunir aux autres, et bientôt après on peut se tenir debout ; la voûte de la galerie s'élève alors, et reçoit du jour à son extrémité par un soupirail élevé et étroit qui s'ouvre près d'un gros noyer, et auquel on arrive facilement de plain-pied de l'autre côté de la coulée (1).

Si, au moyen d'une lumière, on examine les parois de cette galerie, on y distingue des couches de sable remplies de paillettes brillantes dues à du mica, et des fragmens de roches qui s'y trouvent mêlés. On y reconnaît sans peine l'ancien lit d'un ruisseau sur lequel la lave de Gravenoire s'est épanchée. L'eau a fini par reprendre son cours, et par venir sortir au point de jonction des deux ter-

_____

(1) Il y a quelques années, un chien poursuivant du gibier, se précipita par ce soupirail dans le fond de la galerie. Un peu de terre adoucit sa chute, et voyant le jour au-dessus de sa tête, il fit des efforts inutiles pour remonter. Quelques enfans qui l'entendirent crier, furent avertir les autres, et pendant plusieurs jours ils jetèrent par ce soupirail une si grande quantité de pierres, qu'elles forment encore aujourd'hui un tas assez considérable dans le fond de la galerie. Ce ne fut qu'au bout de six jours que des ouvriers entrèrent dans la grotte pour la faire voir à des étrangers, et arrivés au bas du soupirail, ils virent, blotti sur un rocher, un animal que la lumière qu'ils portaient ne leur permettait pas de reconnaître. Ils ne pouvaient détruire un sentiment de frayeur, qui du reste était bien partagé. Le chien s'élança entre leurs jambes, parcourut rapidement toute la galerie, et trouvant la porte de la grotte ouverte. disparut dans les rochers qui avoisinent son ouverture, et gagna la campagne.

rains; souvent elle a miné le terrain meuble qui supporte la lave, et celle-ci restant suspendue, a formé la voûte des grottes ; car outre celles dont nous venons de parler, on en voit plusieurs autres, mais qui maintenant sont privées d'eau. Un fait évident, c'est que toutes ces eaux viennent de la montagne de Gravenoire. Les pluies, les nuages, les brouillards humectent constamment l'énorme masse de scories dont se compose ce cône volcanique. Ces eaux filtrées à travers ces masses vitrifiées, gagnent le dessous de la lave, et suivant la même pente qui a déterminé la position des courans de matières incandescentes, elles viennent sortir à leur extrémité.

La température de ces eaux donne à peu près la moyenne annuelle de celle de l'air, et l'on voit par les différences de température qui existent entre elles, qu'elles viennent de différens niveaux. Les plus élevées sont les plus froides.

	Ther. centig.
Grande source de la Font-de-l'Arbre.	8,5
Fontanat, petite source près le village.	8,3
Fontanat, source du canal........	8,1
Fontanat, source de la prairie....	9
Royat, source des grottes........	11

Ces sources conservent le même degré de

température pendant l'hiver ; c'est du moins ce que nous eûmes occasion d'observer avec M. G., quand nous visitâmes Royat pendant les grands froids du mois de décembre 1829.

Le paysage était alors bien différent de ce qu'il est pendant les belles journées du mois de mai ; ce ne fut qu'après avoir traversé des endroits recouverts de trois à quatre pieds de neige, que nous parvînmes jusqu'au vallon où se trouvent les grottes. Celles-ci ressemblaient plutôt à des cavernes volcaniques qu'à des sources d'eau froide ; les blocs de lave noire paraissaient au milieu de la neige, et les parois de la grotte étaient encore tapissés de verdure ; une vapeur épaisse sortait constamment de l'ouverture, et disparaissait bientôt dans l'air ; le ruisseau lui-même et toutes les petites sources dont les eaux se rendent dans le vallon, répandaient cette même vapeur qui ne s'élevait pas au-dessus de la coulée de lave. La cause en était dans la grande différence de température des eaux et de l'atmosphère. Le thermomètre centigrade était à 19 degrés au-dessous de 0, et les eaux étaient à 11° au-dessus ; il y avait donc une différence de 30 degrés, qui produisait cette quantité de vapeurs. L'eau paraissait chaude lorsqu'on y plongeait la main, et la neige fondait sur son passage : la vallée était plus intéressante que dans les beaux jours d'été. Quelques moulins essayaient encore de tourner ; l'eau qu'ils dispersaient retombait congelée autour d'eux ; les mousses dont les roues étaient couvertes se trouvaient enchâssées dans la glace. Celle-ci augmentait toujours, s'attachait aux murs et à tous les parois, et arrêtait bientôt la roue qui se trouvait serrée entre deux masses de glace. Les stalactites se formaient alors avec une rapidité étonnante ; des touffes d'herbes sèches ou quelques mousses allongées leur servaient de centre ; les roues, les vannes et le toit des maisons en étaient garnis, et la surface de l'eau qu'elles atteignaient bientôt, était la seule limite de leur accroissement. Il est impossible de se figurer un plus beau spectacle que celui que présentaient alors les environs de la grotte. Les cascades tombaient sur des masses de glace formées par l'eau qui jaillissait. Celle-ci recouvrait tous les corps voisins, se moulait sur leurs formes, et les couvrait d'une enveloppe transparente : on remarquait surtout un lierre attaché sur la lave, et dont les feuilles constamment humectées avaient chacune une enveloppe transparente, à travers laquelle on voyait la seule verdure de la vallée.

6.

En face, on apercevait encore de longues stalactites de glace, produites par des suintemens qui sortaient de la lave, et plusieurs d'entre elles atteignaient sept à huit pieds de haut. La vapeur qui s'élevait en abondance s'attachait bientôt aux branches sèches des arbres et des buissons; un givre soyeux s'y déposait lentement, augmentait tous les jours, tombait au moindre vent, se renouvelait encore, et résistait au soleil, dont quelques rayons pénétraient obliquement dans la vallée. Royat était couvert de neige, et son église gothique élevait, comme un signe de l'éternité, la guirlande de lierre qui couronne ses ruines. Le puy de Dôme d'un blanc éclatant, se détachait au loin du ciel le plus pur, et le soleil qui finissait sa course, répandait encore sur la Limagne une clarté dont la vue ne pouvait supporter l'éclat.

En face des grottes, s'élève une petite montagne toute couverte de châtaigniers, de noyers, de cerisiers nains; et sur laquelle on cultive aussi la vigne; c'est le *puy de Châteix*. On peut, si l'on veut, visiter cette montagne avant de descendre aux grottes. Il suffit pour cela de suivre le chemin par lequel on est descendu de Fontanat, au lieu de le quitter

pour entrer dans la prairie de Royat. On remarque sur ce chemin , bien avant d'arriver
à Châteix , les traces d'un aquéduc qui commence le long de la côte de Villars , et qui
continue jusqu'au puy Châteix. Il est creusé
dans le granite à une profondeur de huit à
neuf pouces ; il est large d'un pied environ ,
et placé à la surface du sol. Cet aquéduc fut
fait au commencement du sixième siècle , et
ses eaux dirigées de Châteix à Chamalières ,
arrivaient ensuite à Clermont dans des tuyaux
de bois.

D'après ce que rapporte Delarbre , Didier ,
évêque de Cahors, se trouva à Clermont lorsqu'on y travaillait. Charmé du succès de cette
entreprise , il écrivit à Césaire , évêque de la
ville d'Auvergne , pour le prier de lui en-
voyer les ouvriers qu'il avait employés , la
ville de Cahors se trouvant dans la nécessité
de se procurer de l'eau. Or, comme Césaire
mourut en 649, et qu'il fallut nécessairement
un certain nombre d'années pour creuser cet
aquéduc , il est à peu près certain qu'il date
des premières années du sixième siècle.

Une partie de ces eaux arrivait presqu'au
sommet du monticule, dans une forteresse (1)

_____

(1) Il est probable que la montagne tire son étymo'ogie de cet

qu'y avait fait bâtir Gaifre, duc d'Aquitaine, qui était aussi en possession du château de Montrodeix.

Ni l'un ni l'autre de ces châteaux-forts ne résistèrent à la fureur de Pépin, et la forteresse disparut du sommet de Châteix. L'aquéduc fut détruit en plusieurs endroits; et ses eaux s'épanchant sur les pentes arides de la vallée de Villars, contribuèrent à y développer les belles prairies qui les couvrent aujourd'hui.

A mi-côte de ce monticule, et du côté du moulin de l'hospice, qui semble fermer dans cet endroit la vallée de Royat, on rencontre dans une argile jaunâtre des grains de *blé*, de *seigle*, des *pois*, des *haricots*, etc., qui sont charbonnés et souvent mélangés avec des morceaux de charbon de bois. Le nom de *greniers de César*, dont on fait honneur à cette localité, ne manque pas d'y attirer une foule de curieux qui y ramassent quelques grains ou qui en achètent aux enfans du village. La position des lieux fait présumer que ces grains appartenaient à la forteresse qui était construite au sommet; que les greniers qui

---

ancien château. On l'appelle indistinctement *Châteix*, *Châté*, *Châtel* Son château portait le nom de *Castrum Veiferi*.

les contenaient furent incendiés, et que les
grains brûlés, entraînés par les pluies, peuvent aujourd'hui prouver, non la présence
de César, mais celle de Pépin et de ses guerres
sanglantes avec le duc d'Aquitaine.

L'histoire seule a conservé le souvenir de
cette forteresse, ses ruines mêmes n'existent
plus ; et si le sommet de Châteix n'offre plus
rien à l'antiquaire, il présente du moins un
point de vue magnifique. Le village de Royat
est tout entier à vos pieds, et ses maisons res-
serrées dans une gorge étroite, ombragées
par de vieux châtaigniers, cachent presque
partout les moulins et les chutes d'eau, dont
le bruit vient frapper votre oreille. De là, on
suit le cours de cette lave qui, sortie du volcan de Gravenoire, est venue s'arrêter au pied
de Châteix, et au milieu de laquelle le ruisseau s'est creusé un profond ravin. Partout
des bouquets d'arbres cachent les précipices,
et laissent quelquefois entrevoir les eaux sous
leur feuillage ; ailleurs, ils contrastent avec
l'aridité de la lave, dont les blocs amoncelés
s'élèvent encore au - dessus d'eux. Enfin,
Clermont, la Limagne et tous les monticules
dont elle est couverte, s'abaissent à mesure
qu'ils s'éloignent, et se confondent à l'horizon.

Si celui qui contemple ce paysage, aime à

se rendre compte des révolutions qu'a éprou-
vées notre globe, il ne quittera pas Châteix,
sans jeter un coup d'œil sur sa structure.

Placé sur le bord de la Limagne, son pied
était autrefois caché sous les eaux du lac, et
sa partie supérieure, adossée aux montagnes
granitiques, dominait la surface du Léman
d'Auvergne. On peut, en effet, en partant du
point où Châteix tient aux autres montagnes,
et en descendant jusque dans la plaine, con-
naître la nature des bords du bassin de la Limagne. Au granite à gros grains succèdent
des grès qui paraissent cristallisés, et qui
passent, par nuances insensibles, au granite
auquel ils sont adossés. C'est à ces grès que
M. Brongniart a donné le nom d'*arkoses*. Ils
sont très-variés sur la montagne de Châteix ;
tantôt très-compacts, tantôt plus friables, ils
sont riches en felspath, et présentent parfois
l'apparence de porphyres terreux. Un filon
puissant vient affleurer et former le sommet
du puy. Il est formé de fragmens de ce même
grès, liés par un ciment d'oxide de fer et de
chaux carbonatée (1). On y voit des veines de

_____

(1) A peu près dans la direction de ce filon, et à environ 600 pas
au midi du village, on voit dans un ravin appelé *la Mine*, un filon
assez puissant de sulfate de baryte blanc contenant des indices de
galène à moyennes facettes.

sulfate de baryte en cristaux très-réguliers et d'une teinte jaunâtre. Enfin, en descendant, les grès deviennent plus terreux ; quelques couches ne paraissent plus que des sables agglutinés. Si on descend vers Chamalières, on trouve une portion de ces grès pénétrée de bitume, et enfin, quand on arrive dans la plaine, ils sont recouverts par des marnes calcaires qui furent déposées par les eaux de la Limagne. Ainsi Châteix offre la série des dépôts qui se sont successivement recouverts en s'adossant toujours aux montagnes granitiques qui forment les bords du bassin de la Limagne.

En descendant de Châteix du côté de la vallée de Royat, on arrive au moulin des hospices, qui barre la vallée, et qu'il faut traverser pour en sortir. C'est le premier moulin de ce genre qui fut construit dans les environs de Clermont, et son mécanisme contraste singulièrement avec celui des moulins à farine que l'on rencontre plus haut dans la vallée.

A peine a-t-on traversé ce moulin, que l'on est à Saint - Mart, lieu qui tire son nom d'une ancienne chapelle rurale, bâtie au sixième siècle par saint Mart, qui y mourut et y fut inhumé.

www.ingramcontent.com/pod-product-compliance
Lightning Source LLC
LaVergne TN
LVHW050605090426
835512LV00008B/1355